mentor Lektüre Durchblick

Faust I

Johann Wolfgang Goethe

W0267177

Inhalt · Hintergrund · Interpretation

Andrea Komp

Mit Info-Klappe!

mentor
Eine Klasse besser.

Willkommen bei »mentor Lektüre Durchblick«!

Sie lesen gerade »**Faust I**« im Deutschunterricht?
Dann finden Sie hier in knapper und verständlicher Form – oft auf besonders übersichtlichen Doppelseiten – genau die Informationen, die Sie jetzt brauchen.
Sie werden sehen: Wenn Sie sich mit diesem Hintergrund den »Faust« nochmals vornehmen, steht dem vollen Durchblick nichts im Wege. Denn je mehr Sie schon wissen, desto mehr entdecken Sie selbst im Text – und so macht Deutsch-Lektüre erst richtig Spaß!

Viel Erfolg

wünschen Ihnen
Andrea Komp und der mentor Verlag

Die Autorin:
Andrea Komp, Gymnasiallehrerin für Deutsch und Sport

Alle Zitate nach:
Johann Wolfgang Goethe: Faust. Der Tragödie Erster Teil. Stuttgart 1986, 2000 (= Reclams Universal-Bibliothek Nr. 1; die Ziffern bezeichnen die Verszahlen)

Wegweiser

Inhalt

Die Thematik in Kürze

> *So schreitet in dem engen Bretterhaus*
> *Den ganzen Kreis der Schöpfung aus,*
> *Und wandelt mit bedächt'ger Schnelle*
> *Vom Himmel durch die Welt zur Hölle.* (239–242)

Mit diesen Worten endet das *Vorspiel auf dem Theater,* das Goethe seinem »Faust« vorangestellt hat. Ein Theaterdirektor, der weiß, was sein Publikum von dem *engen Bretterhaus* – dem Theater – erwartet, wird ihm nun auch etwas bieten:

- ein Stück über den *ganzen Kreis der Schöpfung,* über Menschen und Fantasiewesen, über den Sinn des Lebens, über Liebe, Tod und Religion und so vieles mehr,
- ein Stück, das *mit bedächt'ger Schnelle* (?!?), mit Ernst und Humor, mit Banalem und Philosophischem einen atemberaubenden Gang durch das menschliche Dasein ins Spiel setzt,
- ein Stück, dessen Handlung sich vom *Himmel durch die Welt zur Hölle* erstreckt, das im Himmel beginnt und dann überwiegend auf der Erde spielt – und der Teufel persönlich ist immer dabei.

> *Da kommen sie und fragen, welche Idee ich in meinem »Faust« zu verkörpern gesucht? – Als ob ich das selber wüsste und aussprechen könnte! – Vom Himmel durch die Welt zur Hölle, das wäre zur Not etwas; aber das ist keine Idee, sondern Gang der Handlung. […] Es hätte auch in der Tat ein schönes Ding werden müssen, wenn ich ein so reiches, buntes und so höchst mannigfaltiges Leben, wie ich es im »Faust« zur Anschauung gebracht, auf die magere Schnur einer einzigen durchgehenden Idee hätte reihen wollen!* (Goethe[1])

1 am 6. Mai 1827 zu Eckermann, zit. nach R. Sudau (s. S. 61f.), S. 246.

Die Handlung in Kürze

Die überaus vielschichtige Handlung von »Faust I«, die sich mit nahezu allen Themen des menschlichen Lebens auseinandersetzt, weist zwei Schwerpunkte auf: die Geschichte des Gelehrten Faust, der sich mit dem Teufel verbündet, und die Tragödie Gretchens, seiner Geliebten.

Die »Gelehrtentragödie«[1]

Doktor Faust, ein umfassend gebildeter Gelehrter, empfindet tiefste Verzweiflung darüber, dass er trotz aller Bemühungen die Grenzen des menschlichen Wissens nicht überschreiten kann. Nachdem er sogar mit der Magie gescheitert ist, geht er auf den Vorschlag des Teufels Mephisto ein, der so lange Fausts Diener sein will, bis Fausts unstillbares Erkenntnisstreben erfüllt ist. In dem Moment, in dem Faust seine innere Ruhe gefunden hat – was dieser selbst aber für unmöglich hält –, soll seine Seele dem Teufel gehören.

Die »Gretchentragödie«[1]

Mephisto will Faust mit schönen Frauen in Versuchung führen, jedoch geht seine Rechnung nicht auf: Faust begegnet dem jungen unschuldigen Bürgermädchen Gretchen. Die beiden verlieben sich ineinander; ihre Gefühle sind trotz des Standes- und Bildungsunterschiedes ehrlich und tief. Doch die Tragödie nimmt ihren Lauf: Gretchen vergiftet – ungewollt – ihre Mutter; Faust tötet – ungewollt – Gretchens Bruder Valentin. Mephisto ist daran nicht unbeteiligt. Faust muss fliehen. In ihrer Verzweiflung ertränkt Gretchen das gemeinsame Kind gleich nach seiner Geburt. Kurz bevor sie wegen der Kindstötung hingerichtet werden soll, versucht Faust, sie aus dem Kerker zu befreien; Gretchen jedoch weigert sich zu fliehen und rettet so ihr Seelenheil.

1 zu diesen Begriffen vgl. S. 7f., Fußnote 1.

Inhalt

Die Handlung

Ein Werk wie der »Faust« lässt sich auf wenigen Seiten natürlich nicht angemessen wiedergeben. Die folgende Zusammenfassung soll Ihnen zusammen mit den Hinweisen zum Verständnis einzelner Szenen lediglich das Lesen erleichtern.

Der äußere Rahmen der Handlung

»Faust I« spielt während des 16. Jahrhunderts in verschiedenen Orten Deutschlands. Wir lernen Faust und Gretchen, aber auch viele andere Menschen aus dem Umfeld der Universität ebenso wie aus dem einfachen Volk und dem Kleinbürgertum kennen. Neben der realen Welt existiert eine Welt des Übernatürlichen und Fantastischen mit Mephisto, Hexen, Geistern und anderen Figuren. Die Handlung erstreckt sich über mindestens ein Jahr.

Die dreiteilige Eröffnung[1]

Zueignung

Der »Faust« beginnt mit einer nachdenklichen Widmung, einem Gedicht über Dichtung, in dem Goethe während seiner letzten Arbeitsphase an »Faust I« die **Wiederaufnahme seines Lebenswerkes** thematisiert und es nach vielen Jahren einem veränderten Publikum vorstellt.

Vorspiel auf dem Theater

Bevor das eigentliche Stück anfängt, unterhalten sich drei »Theaterprofis« über ihre unterschiedlichen Auffassungen vom Theater und

1 zum Aufbau des »Faust« s. Schaubild S. 26f. und S. 48.

von der Kunst. Der **Direktor** will vor allem finanziell erfolgreich sein und deshalb dem Publikum bieten, was es begehrt. Dem **Dichter** dagegen ist es zuwider, sich dem oberflächlichen Geschmack der *bunten Menge* zu unterwerfen, ihm geht es um die reine Kunst und um den Ruhm der *Nachwelt*. Die *Lustige Person*, ein **Schauspieler**, versucht mit Humor zu vermitteln und rät:

> *Greift nur hinein ins volle Menschenleben! [...]*
> *Und wo ihr's packt, da ist's interessant.* (167–69)

Prolog im Himmel

Der Vorhang geht auf. Jetzt beginnt die eigentliche Einleitung zum »Faust«-Drama: die **himmlische Rahmenhandlung**, die »Faust I« und »Faust II« umschließt (s. S. 48).

Die drei Erzengel treten vor den **Herrn** und die himmlischen Heerscharen. Sie preisen die *hohen Werke* der göttlichen Schöpfung. **Mephisto** ist da ganz anderer Ansicht: *Ich sehe nur, wie sich die Menschen plagen.* An dem Elend der Menschen sei vor allem die vom Herrn verliehene Vernunft schuld. Der Herr verweist Mephisto auf Doktor **Faust**, und prompt **wettet Mephisto**, dass er Faust in Versuchung führen könne. Der Herr erlaubt dies, denn

> *Ein guter Mensch in seinem dunkeln Drange*
> *Ist sich des rechten Weges wohl bewusst.* (328f.)

Die »Gelehrtentragödie«

Nacht

Ein zweiter Vorhang geht auf. Die **irdische Handlung** des »Faust« beginnt. Sie konzentriert sich zunächst ganz auf Faust selbst (**»Gelehrtentragödie«**[1]); im zweiten Hauptteil von »Faust I« stehen dann

Gretchen und die Liebesbeziehung im Mittelpunkt (»**Gretchentragödie**«[1]).

Die sehr lange erste Szene stellt die Hauptfigur, den Gelehrten Faust, vor. Sie besteht überwiegend aus Monologen, in denen Faust seine Situation schildert, und wird nur durch eine Geisterbeschwörung und ein Gespräch mit seinem Famulus (Gehilfen) Wagner unterbrochen.

Es ist die Nacht zum Ostersonntag. In seinem Studierzimmer grübelt Faust schlaflos über sein Leben nach. Nachdem er sich **alles Wissen seiner Zeit** angeeignet hat, muss er verzweifelt feststellen, *dass wir nichts wissen können*! Er beschließt, es mit **Magie** zu versuchen, um zu erkennen, *was die Welt / Im Innersten zusammenhält*. Doch weder die Versenkung in das Zeichen des **Makrokosmos**, eine Darstellung des harmonisch geordneten Universums, noch die Beschwörung des **Geistes der Erde**, der ihn schonungslos zurückweist, bringen ihm die ersehnte unmittelbare Erkenntnis von Welt und Natur. Er bricht zusammen. Beide Versuche, seine Grenzen mithilfe der Magie zu überschreiten, sind gescheitert.

In diesem Moment klopft **Wagner** an und verwickelt Faust in ein Gespräch über Rhetorik und Erkenntnis. Mit seiner wissenschaftlich-trockenen und zudem aufdringlichen Art strapaziert er Fausts gespannte Nerven, bis dieser ihn direkt zum Gehen auffordert.

Als Faust wieder allein ist, steigert sich seine Verzweiflung noch. Schließlich fällt sein Blick auf ein Fläschchen mit **Gift** und er begrüßt dies als letzte Möglichkeit, seine Grenzen zu überschreiten, und *wär es mit Gefahr, ins Nichts dahin zu fließen*. Gerade als er zum Trinken ansetzt, erklingen die Osterglocken, die zur Frühmesse rufen. Faust wird an seine glückliche Kindheit erinnert; er setzt das Gift wieder ab.

1 Trotz A. Schönes überzeugender Kritik an diesen gängigen Begriffen werden sie nachfolgend aus praktischen Gründen beibehalten, vgl. A. Schöne (s. S. 61), S. 188f. und S. 199f.

Vor dem Tor

Die Szene wechselt: Es ist Ostersonntag und alle Welt geht spazieren (»**Osterspaziergang**«). Das **Volk** – Bürger und Bauern, Handwerker und Studenten, Junge und Alte, Männer und Frauen – plaudert, singt und vergnügt sich, jeder auf seine Art: eine revueartige Szene, die uns zum ersten Mal das Leben außerhalb von Fausts Studierzimmer vorstellt und damit die Welt, die auch die Gretchens ist.

Auch **Faust** und **Wagner** sind unterwegs. Faust freut sich über den Frühlingsbeginn und den Anblick der unbeschwerten Menschen, die ihn, den angesehenen Doktor und Arzt, mit Hochachtung begrüßen. Wagner beneidet Faust um diese Anerkennung, doch Faust bedeutet sie wenig. Im anschließenden Gespräch wird abermals der Unterschied zwischen Wagners naiv-optimistischem Fortschrittsglauben und Fausts innerer Gespaltenheit und unstillbarer Sehnsucht deutlich.

Es ist Abend geworden. Vom Feld kommt ein geheimnisvoller schwarzer **Pudel** auf die beiden Spaziergänger zu und folgt ihnen: Wie sich bald zeigen wird, tritt in dieser Gestalt Mephisto in Fausts Leben ein.

Studierzimmer [I]

Zu Hause angekommen, macht sich Faust voller Arbeitseifer daran, den Beginn des Johannesevangeliums zu übersetzen. Doch schon mit dem ersten Satz – *»im Anfang war das W o r t!«* – beginnen die Schwierigkeiten: Faust sucht einen passenderen Begriff für *Wort*, verwirft nacheinander die Alternativen *Sinn* und *Kraft* und entscheidet sich schließlich bezeichnenderweise für *Tat.*

Währenddessen wird der Pudel immer unruhiger. Mithilfe seiner magischen Fähigkeiten fördert Faust *des Pudels Kern*, nämlich **Mephisto**, zutage.

> Faust. *Nun gut wer bist du denn?*
> Mephistopheles. *Ein Teil von jener Kraft,*
> *Die stets das Böse will und stets das Gute schafft. [. . .]*
> *Ich bin der Geist der stets verneint!* (1334–38)

Obwohl Faust sogar selbst schon an einen *Pakt* mit dem Teufel denkt, geht Mephisto nicht darauf ein, da er den passenden Zeitpunkt noch nicht für gekommen hält. Stattdessen macht er sich davon, nachdem er Faust, der ihn vergeblich festzuhalten versucht, mit Zauberkräften eingeschläfert hat.

Studierzimmer [II]

Mephisto kommt elegant gekleidet zurück und fordert Faust auf, mit ihm das Leben zu genießen. Doch Faust ist diesmal wieder depressiv gestimmt und lebensüberdrüssig. Da hält Mephisto seine Zeit für gekommen. Er bietet Faust an, sein *Diener*, sein *Knecht* zu sein. Faust aber weiß, dass der Teufel ein *Egoist* ist, und besteht darauf, die genauen Bedingungen zu erfahren. Sie lauten wie bei einem **Teufelspakt** üblich:

> *Ich will mich h i e r zu deinem Dienst verbinden,*
> *Auf deinen Wink nicht rasten und nicht ruhn;*
> *Wenn wir uns d r ü b e n wiederfinden,*
> *So sollst du mir das Gleiche tun.* (1656–59)

Fausts Streben nach Erkenntnis macht ihn zum Bund mit dem Teufel bereit. Er lässt sich jedoch nicht auf einen Pakt ein, der ihn dem Teufel bedingungslos ausgeliefert hätte, sondern bietet eine **Wette** an: Wenn es Mephisto gelingen sollte, Faust so zufriedenzustellen, dass er *zum Augenblicke* sagt: *Verweile doch! du bist so schön!*, dann – und nur dann! – will Faust seinerseits Mephisto dienen. Dieses Abkommen wird mit Blut besiegelt.

Da Faust bisher weder durch wissenschaftliches Erkenntnisstreben noch durch Magie befriedigt werden konnte, will Mephisto ihn nun die sinnlichen Freuden des menschlichen Lebens auskosten lassen. Zu diesem Zweck möchte er mit ihm verreisen.

Als sie aufbrechen wollen, hört Mephisto einen Schüler (Studenten) kommen, der den berühmten Doktor Faust um Ratschläge für sein Studium bitten will. Mephisto verkleidet sich als Faust, während sich Faust reisefertig machen soll.

Es folgt die sogenannte **»Schülerszene«**, in der Mephisto den zukünftigen Studenten in Fragen des universitären Lebens »berät«, eine Szene, die komödiantische und satirisch-zynische Züge trägt (**»Universitätssatire«**, s. S. 46 und 59). Mephisto verspottet den trockenen und weltfremden Lehrbetrieb der Universität. Als er dem Schüler dann die medizinische Fakultät schmackhaft macht, ist er ganz in seinem teuflischen Element. Er führt aus, wie man hier mit wenig Wissen schnell zum Ziel komme und wie einfach man sich vor allem die Frauen gefügig machen könne.

Nachdem der Schüler gegangen ist, brechen Faust und Mephisto zu ihrer gemeinsamen **Reise** auf:

» Faust. *Wohin soll es nun gehn?*
Mephistopheles. *Wohin es dir gefällt.*
Wir sehn die kleine, dann die große Welt. (2051f.)

Diese Worte Mephistos enthalten eine Anspielung auf die kommende Handlung in beiden Teilen des »Faust«. Die ***kleine Welt*** entspricht der Welt des ersten Teils, im Wesentlichen also der Welt Fausts und Gretchens, die ***große Welt*** dann dem zweiten Teil, der Welt des Kaiserhofs, der Antike, des Unternehmertums (s. S. 36f.).

Auerbachs Keller in Leipzig

Die **erste Station**, die Mephisto für die Reise mit Faust ausgesucht hat, ist ein **Weinkeller in Leipzig** (der übrigens heute noch existiert und den Goethe aus seiner Leipziger Studentenzeit kannte). Ähnlich wie der Beginn des »Osterspaziergangs« (s. S. 9) ist auch diese Szene revueartig gestaltet und gibt uns Einblick in das Verhalten bestimmter menschlicher Gruppen, hier von Männern eines bestimmten Schlages. Sie ist außerdem eine Art Ergänzung zur vorangegangenen »Universitätssatire«, da zumindest Frosch und Brander Studenten (s. S. 46 und 59) sind.

Eine Gruppe *lustiger Gesellen* amüsiert sich: Sie betrinken sich und singen derbe Lieder politischen und erotischen Inhalts. Beim einleitenden Wortgeplänkel mit den angetrunkenen Männern kontert Mephisto – wie so oft – geschickt und routiniert. Dann leitet er eine kleine Zauberei ein, indem er den Gästen Wein nach ihrer Wahl aus der Tischplatte zaubert. Die anfängliche Begeisterung schlägt in Entsetzen um, als sich der Wein in Feuer verwandelt. Die Zecher werden gewalttätig und verhalten sich immer mehr wie Tiere. Gerade noch rechtzeitig löst Mephisto den Zauber auf und verschwindet mit Faust.

Faust hat sich während dieser Szene völlig zurückgehalten. Außer Begrüßungsworten sagt er nur einen einzigen Satz: *Ich hätte Lust nun abzufahren.* Mephistos Versuch, Faust mit dieser billigen Art von »leichtem Leben« Befriedigung zu bieten, ist also eindeutig gescheitert.

Hexenküche

Mephisto bringt Faust zur **nächsten Station ihrer Reise**, in das **Reich des Übernatürlich-Fantastischen**: in eine Hexenküche, voll von sprechenden Tieren und seltsamen Gerätschaften. Hier soll der alte Gelehrte Faust in einen jungen attraktiven Mann verwandelt werden. Doch Faust ist skeptisch: *Mir widersteht das tolle Zauberwesen.*

Als die beiden in der Hexenküche ankommen, ist die Hexe selbst noch nicht da. Die Meerkatzen veranstalten zusammen mit Mephisto, der sich als ihr König aufspielt, lautstarken Unsinn. Faust dagegen betrachtet völlig gebannt in einem *Zauberspiegel* das **Bild einer**

wunderschönen Frau, worauf ihm Mephisto *so ein Schätzchen* verspricht.

Mitten in dem Durcheinander kommt plötzlich die Hexe zurück, flucht kräftig und beschimpft die Tiere und die unerwarteten Gäste gleich mit. Doch kaum hat sich der verkleidete Mephisto als ihr *Herr und Meister* zu erkennen gegeben, entschuldigt sie sich und zeigt sich dienstbeflissen. Mephisto verlangt von ihr ein *gutes Glas von dem bekannten Saft*, der **Faust verjüngen** soll. Mit einem Zauberspruch, dem *Hexen-Einmal-Eins*, und unter allerlei *Hokuspokus* überreicht die Hexe Faust den Trank.

Auch während dieser Szene, die reich an politischen, erotischen und anderen Anspielungen[1] ist, verhält sich Faust ablehnend; ihm ist das *tolle Zeug* zuwider. Sein ganzes Interesse gilt dem Frauenbildnis im Spiegel. Mephisto zieht ihn schließlich weg und verspricht:

» *[...] Du sollst das Muster aller Frauen*
Nun bald leibhaftig vor dir sehn. (2601f.)

Wie er das meint, fügt er für sich selbst hinzu:

» (Leise). *Du siehst, mit diesem Trank im Leibe,*
Bald Helenen[2] *in jedem Weibe.* (2603f.)

Diese Bemerkung Mephistos leitet gleichzeitig von den beiden ersten Reisestationen, die (vom Verjüngungstrank abgesehen) zum eigentlichen Fortgang der Handlung wenig beitragen, zum zweiten Hauptteil von »Faust I« über: zur »Gretchentragödie«.

---

1 Diese erschließen sich uns heutigen Lesern nur mithilfe eines ausführlichen Textkommentars, s. S. 61f.

2 Die griechische Königin Helena, deren Entführung den Trojanischen Krieg auslöste, gilt als Inbegriff weiblicher Schönheit. In »Faust II« wird Faust Helena begegnen, s. S. 36f.

Die »Gretchentragödie«

Straße

Faust begegnet **Gretchen** zufällig auf der Straße. Er ist so angetan von ihrem Anblick, dass er dem *schöne[n] Fräulein* sein *Geleit* anbietet. Sie aber weist ihn zurück:

> *Bin weder Fräulein*[1], *weder schön,*
> *Kann ungeleitet nach Hause gehn.* (2607f.)

Als Mephisto kommt, ist Faust das erste Mal begierig, seine Dienste in Anspruch zu nehmen. Faust will Gretchen haben, möglichst sofort. Doch Mephisto enttäuscht Faust, denn Gretchen sei gläubig und *ein gar unschuldig Ding*, und in solchen Fällen sei die Macht des Teufels sehr begrenzt. Immerhin kann Mephisto zusagen, dass Faust noch am selben Abend Gretchens Zimmer – nicht aber sie selbst – sehen kann. Faust trägt Mephisto auf, ein Geschenk für Gretchen zu besorgen.

Abend. Ein kleines reinliches Zimmer

Gretchen, allein in ihrem Zimmer, fragt sich, wer wohl der edle Herr gewesen sein könnte, der sie heute auf der Straße angesprochen hat.

Nachdem sie den Raum verlassen hat, treten Faust und Mephisto ein. Doch Faust möchte allein sein. Er betrachtet das einfache, sehr ordentliche Zimmer. Sein sexuelles Begehren wandelt sich in der reinen Atmosphäre von Gretchens Zimmer in romantische **Verliebtheit**. Als Mephisto Faust wieder abholt, hat er ein Kästchen mit Schmuck dabei, das er in Gretchens Schrank versteckt. Die beiden verschwinden.

Gretchen kommt zurück. Sie spürt, dass sich die Atmosphäre in ihrem Zimmer verändert hat, und singt die ahnungsvolle **Ballade**

1 Diese Anrede war unverheirateten adligen Frauen vorbehalten.

vom ***König in Thule***, ein Lied über Liebe und Treue bis in den Tod, dessen Thematik auf die weitere Handlung hindeutet. Als Gretchen den Schmuck findet, probiert sie ihn gleich begeistert an.

Spaziergang

Eine Szene mit viel Witz, bissigem Humor und einer herben Kritik an dem einnehmenden Wesen der Kirche: Mephisto ist außer sich vor Zorn, denn Gretchens Mutter nahm den Schmuck an sich und brachte ihn ausgerechnet zu einem Pfarrer, der ihn natürlich behielt. Faust bestellt gelassen neuen Schmuck bei dem wutschnaubenden Mephisto.

Der Nachbarin Haus

Gretchen hat das zweite Schmuckkästchen gefunden. Doch diesmal zeigt sie es nicht der Mutter, sondern geht damit zu ihrer **Nachbarin Marthe**, die ihr den Schmuck anlegt. In diesem Moment kommt unerwarteter Besuch: Mephisto. Er gibt sich als Bekannter des in der Fremde verschollenen Mannes von Marthe aus und behauptet, dessen Tod bezeugen zu können. Das kommt Marthe, die gerne einen offiziellen *Totenschein* hätte, sehr gelegen. Um das Ganze amtlich zu machen, bedarf es eines weiteren Zeugen: Mephisto schlägt seinen Begleiter Faust vor. So leitet er in dieser humorvoll-satirischen Szene geschickt das erste Rendezvous zwischen Gretchen und Faust in die Wege.

Straße

Mephisto berichtet Faust von dem vereinbarten Treffen. Doch als Faust erfährt, dass er ein falsches Zeugnis ablegen soll, weigert er sich. Mephisto verspottet ihn mit dem Hinweis auf andere Lügen: Früher als Gelehrter habe er ebenso schon die Unwahrheit gesagt, wie er es demnächst bei seinen Liebesschwüren gegenüber Gretchen wieder tun werde. Faust gibt widerwillig nach.

Garten

Bei dem vereinbarten Treffen in Marthes Garten bilden sich **zwei Paare**: Faust und Gretchen sowie Mephisto und Marthe. Diese spazieren jeweils abwechselnd vorbei und stehen in einem deutlichen, z. T. witzigen Kontrast zueinander.

Faust und Gretchen genießen das Zusammensein. Gretchen erzählt von sich: Ihr Vater und ihre jüngere Schwester, von Gretchen liebevoll aufgezogen, sind tot; ihr Bruder ist Soldat. Nun lebt sie bei ihrer Mutter und erledigt die Hausarbeit. Faust und Gretchen gestehen einander, dass sie sich lieben – trotz ihrer so unterschiedlichen Herkunft und Bildung. Währenddessen bemüht sich Marthe darum, Mephistos Gunst zu erlangen, und der spottlustige Teufel hat erhebliche Schwierigkeiten, ihrem Antrag auszuweichen.

Ein Gartenhäuschen

Die einzige Szene, in der Intimität dargestellt wird: ein **Kuss** und eine Umarmung! Doch schon müssen sich Faust und Gretchen trennen. Nachdenklich fragt sich Gretchen, was Faust an ihr, dem *arm unwissend Kind*, findet.

Wald und Höhle

Faust ist allein. Er genießt für einen kurzen Moment den Einklang mit der Natur, fällt jedoch gleich wieder in ein Gefühl der Unzufriedenheit und Beengtheit zurück.

Mephisto kommt dazu und macht sich über Fausts Zurückgezogenheit, sein Naturerleben und sein sexuelles Verlangen lustig. Er erinnert ihn an Gretchen und schildert eindringlich, aber nicht ohne Spott, ihre Sehnsucht nach Faust. Nach längerem Schwanken beschließt Faust, beeinflusst von Mephisto, zu Gretchen zurückzukehren, obwohl er weiß, dass er sie ins Unglück stürzen wird.

Diese Szene, die genau die **Mitte der Gretchenhandlung** bildet, leitet den **Umschwung** ein; Fausts Rückkehr wird in der Tat zur Katastrophe führen, beide werden **schwere Schuld** auf sich laden: den Tod von Gretchens Mutter und Bruder und des gemeinsamen Kindes.

Gretchens Stube

Während Fausts Abwesenheit verspürt Gretchen, wie schon von Mephisto berichtet, schmerzliche Sehnsucht. Durch das **Lied *Meine Ruh ist hin*** wird die Ernsthaftigkeit ihrer Liebe offenbar; Gretchen empfindet nicht mehr wie ein Mädchen, sondern wie eine begehrende Frau.

Marthens Garten

Faust und Gretchen treffen sich wieder in Marthens Garten. In dem folgenden **Religionsgespräch** fragt Gretchen Faust nach seinem Glauben (**»Gretchenfrage«**). Faust antwortet mit einer hymnischen Beschreibung seiner freien Religiosität. Doch Gretchen ist keineswegs überzeugt; ihr Fazit lautet: *du hast kein Christentum*. Auch hinsichtlich ihres unguten Gefühls gegenüber Mephisto, der ihr unheimlich ist, kann Faust sie nicht beruhigen.

Die beiden verabreden sich zu ihrer ersten **gemeinsamen Nacht**. Damit sie nicht von Gretchens Mutter gestört werden, hat Faust **Schlaftropfen** mitgebracht. Gretchen geht, und Mephisto, der gelauscht hat, kommt und lästert nach Leibeskräften über Gretchen und ihre Religiosität.

Am Brunnen

Lieschen erzählt Gretchen schadenfroh den neuesten **Klatsch** über Bärbelchen: Diese wurde von ihrem Geliebten verlassen, obwohl sie ein Kind erwartet, und wird nun **öffentlich geächtet**. Gretchen, die sich früher selbst eifrig an derartigem Tratsch beteiligt hat, ahnt ihr eigenes Schicksal.

Zwinger

Da Gretchen niemanden hat, dem sie sich in ihrer Not anvertrauen kann, sucht sie Trost in einem **Gebet** an Maria:

> *Ach neige, / Du Schmerzenreiche,*
> *Dein Antlitz gnädig meiner Not!* (3587–89, vgl. S. 37)

Nacht. Straße vor Gretchens Türe

Gretchens Bruder **Valentin** ist durch den Tratsch über seine Schwester in seiner männlichen Eitelkeit tief verletzt und will seine Ehre wiederherstellen, indem er den Liebhaber tötet. Vor dem Haus trifft er auf Faust und Mephisto. Mephisto singt gerade ein Liebeslied, das, auf Gretchens Situation bezogen, äußerst zynisch ist. Valentin greift Mephisto und Faust mit der Waffe an. Indem Mephisto Fausts Klinge lenkt, wird **Valentin tödlich verletzt**. Faust und Mephisto müssen **fliehen**. Von dem Lärm angelockt, kommen viele Leute, auch Marthe und Gretchen, auf die Straße. Sterbend beschimpft Valentin seine Schwester in aller Öffentlichkeit als *Hur* und **verflucht sie**.

Diese opernhafte Szene, in der – erstmals in der Gretchenhandlung – viele Personen auftreten, erklärt, weshalb Faust die Stadt verlassen muss und warum es zu Gretchens Verzweiflungstat, der Kindstötung, kommen kann.

Dom

In großer **Verzweiflung** besucht Gretchen eine Totenmesse. Im Dom quält sie ein *böser Geist*, der wohl ihr schlechtes Gewissen verkörpert, mit Gedanken an den Tod der Mutter (verursacht durch das Schlafmittel), an ihre Schwangerschaft und an die hartherzige Reaktion ihrer christlichen Mitmenschen. Das Thema der Messe ist der Weltuntergang und das Jüngste Gericht, bei dem jeder Mensch von seiner gerechten Strafe ereilt wird. Das ist zu viel für Gretchen; sie fällt in Ohnmacht.

Walpurgisnacht

Um Faust von Gretchens Schicksal abzulenken, nimmt Mephisto ihn zur Walpurgisnacht mit. Jedes Jahr in der Nacht zum ersten Mai feiern die **Hexen** auf dem Brocken im Harz ein euphorisches Fest mit Feuern, wilden Tänzen und sexuellen Exzessen. Hier ist Mephisto in seinem Element, und tatsächlich lässt sich Faust von dem wilden Treiben anstecken.

Darüber hinaus enthält diese an übernatürlichen Figuren und fantastischen Geschehen reiche Szene vielfältige Anspielungen auf Mythen und Erotisches sowie auf (zu Goethes Zeit) aktuelle Ereignisse und Personen.[1]

Doch am Ende hat Faust eine **Vision**: Er sieht ein *blasses, schönes Kind allein und ferne stehen*, das **Gretchen** gleicht; aber *die Augen einer Toten* hat und eine feine rote Schnur um den Hals trägt – ein Hinweis auf ihre bevorstehende **Enthauptung**.

Mephisto drängt weiter: Sie sehen sich ein Theaterstück an, das innerhalb des wilden Treibens aufgeführt wird.

Walpurgisnachtstraum

Dieses handlungslose *Intermezzo*, dessen Motive Goethe Shakespeares »Sommernachtstraum« entnommen hat, zeigt, wie sich das Königspaar der Elfen einen revueartigen Festzug ansieht – also Theater im Theater. Dabei werden verschiedene überwiegend zeitgebundene Themen aus Kunst, Literatur, Philosophie und Politik angerissen.

Trüber Tag. Feld

Faust hat gerade erfahren, dass Gretchen zum Tode verurteilt im Kerker sitzt. Er ist außer sich vor Verzweiflung, Schmerz und Wut und

1 Auch hier empfiehlt es sich ganz besonders, einen ausführlichen Textkommentar heranzuziehen, s. S. 61f.

klagt Mephisto an, Gretchens Schicksal verschuldet zu haben. Mephisto bleibt ungerührt: *Sie ist die Erste nicht*, was Faust nur noch mehr aufbringt. Faust befiehlt Mephisto, Gretchen zu retten. Widerstrebend macht er sich mit Faust auf den Weg.

Diese Szene ist als einzige des Dramas nicht in Versen geschrieben. Goethe hat die extrem ausdrucksstarke rhythmisierte **Prosa**, die Fausts Verzweiflung treffend wiedergibt, fast unverändert aus dem »Urfaust« übernommen.

Nacht, offen Feld

Die kürzeste Szene des Dramas zeigt Faust und Mephisto unterwegs zu Gretchen. Sie reiten auf schwarzen Zauberpferden an einer unheimlichen Hinrichtungsstätte vorbei.

Kerker

Faust dringt in Gretchens Kerker ein. Gretchen, die ihr **neugeborenes Kind ertränkt** hat und auf ihre Hinrichtung wartet, ist unter dem Schock der Ereignisse wahnsinnig geworden. Als Faust kommt, hält sie ihn zunächst für ihren Henker. Erst als er laut ihren Namen ruft, erkennt sie den Geliebten und glaubt für einen Augenblick an ihre Rettung. Sie will die innige Vertrautheit zu ihm wiederherstellen, doch Faust kann sie nicht küssen. Da spürt Gretchen auf einmal ganz klar, dass sie **nicht mit ihm fliehen** kann und will. Als dann auch noch Mephisto erscheint und zum Aufbruch drängt, übergibt sie sich endgültig dem *Gericht Gottes*:

» Mephistopheles. *Sie ist gerichtet!*
Stimme (von oben). *Ist gerettet!* (4611)

Faust und Mephisto verschwinden, während ihnen eine Stimme *von innen* (Gretchen?) Fausts Namen nachruft.

Hintergrund

Vom Überblick zum Durchblick

Bisher haben wir im Wesentlichen den Inhalt des »Faust« zusammengefasst. Vielleicht wünschen Sie sich nun genauso wie der Student in der Schülerszene konkrete Hintergrundinformationen, *denn, was man schwarz auf weiß besitzt, / Kann man getrost nach Hause tragen* (1966f.). Im folgenden Teil **»Hintergrund«** werden die wichtigsten Fakten jeweils auf Doppelseiten übersichtlich und komprimiert dargestellt.

Nutzen Sie die Informationen, um inhaltliche Verbindungen zu knüpfen, und denken Sie an Mephistos Warnung:

> »
> *Wer will was Lebendigs erkennen und beschreiben,*
> *Sucht erst den Geist heraus zu treiben,*
> *Dann hat er die Teile in seiner Hand,*
> *Fehlt, leider! nur das geistige Band. (1936–39)*

Von der Textanalyse zur Textproduktion

Im Teil **»Interpretation«** folgt eine knappe **Textanalyse** mit einer Deutung der Figuren und der Konzeption des »Faust«. Sie werden nach dem Lesen dieses Kapitels verstehen, warum dem »Faust« eine kurze, eindeutige Interpretation nicht gerecht werden kann, denn die Vieldeutigkeit gehört zu diesem Werk. Doch das macht die Interpretation des »Faust« auch spannend, denn *[m]it Worten lässt sich trefflich streiten* (1997).

Das abschließende Kapitel **»Aufgaben mit Lösungstipps«** soll Ihnen bei der Vorbereitung auf Klausuren helfen.

Der Autor

Johann Wolfgang Goethe
* 1749 in Frankfurt am Main
† 1832 in Weimar

Goethe hat nicht nur ein überaus umfangreiches literarisches Werk hinterlassen, sondern er war auch anderweitig sehr engagiert. In Frankfurt/Main arbeitete er als **Rechtsanwalt**. In Weimar war er als hoher **Staatsbeamter** mit der Verwaltung der Finanzen, dem Militärwesen und später mit dem Theater- und Bildungswesen betraut. Er arbeitete hart, gleichzeitig war er ein Genießer: Dazu gehörten Reisen, gute Weine und auch Frauen.

Goethe wird im Folgenden vor allem als Verfasser des »Faust« vorgestellt. Weitere allgemeine Daten und Fakten zu seinem Leben finden Sie in einer Literaturgeschichte oder in einer Biografie (s. S. 61f.).

Auch die **Gretchenfigur** hat einen biografischen Hintergrund: Zwar lässt Goethe bei der Gestaltung dieser Figur zum einen historisch Vorgeformtes einfließen: Im Fauststoff wird eine Liebesgeschichte angedeutet, außerdem gibt es die Legende der heiligen Margarethe, einer Glaubenskämpferin, die für ihre Überzeugungen hingerichtet wurde. Zum anderen aber ist die Figur der Liebenden durch persönliche Erlebnisse inspiriert: Die erste große Liebe Goethes hieß **Gretchen**. Außerdem erlebte er mit großer menschlicher und beruflicher Anteilnahme das Schicksal mehrerer Kindsmörderinnen. Die Hinrichtung der Susanna **Margaretha** Brandt (s. u. und S. 30) ging ihm sehr nahe.

1755–65	Schulische Ausbildung: Privatunterricht unter Aufsicht seines Vaters.
1765–68	Jurastudium in Leipzig, anschließend schwere Erkrankung.
1770–71	Abschluss des Studiums in Straßburg.
1771–75	Rechtsanwalt beim Frankfurter Schöffengericht: Er erlebt den Prozess und die Hinrichtung der Kindsmörderin Susanna Margaretha Brandt mit (s. S. 30).
1773–75	Erste Beschäftigung mit dem »Faust«: **»Urfaust«** (oder **»Faust. Frühe Fassung«**, s. S. 30).
1775–86	Arbeit im Weimarer Staatsdienst; im Juni 1782 wird Goethe geadelt.
1786–88	Italienreise; Weiterarbeit am »Faust«.
1788	Rückkehr nach Weimar und Beginn der Beziehung zu Christiane Vulpius; 1789 wird ihr gemeinsamer Sohn August geboren, 1806 heiratet er Christiane.
1790	Veröffentlichung von **»Faust. Ein Fragment«**.
1794–1805	Freundschaft und Zusammenarbeit mit Schiller; Schiller motiviert Goethe zur Weiterarbeit am »Faust«; Goethe beginnt damit 1797.
1808	**»Faust. Der Tragödie Erster Teil«.**
1825–31	Wiederaufnahme und Fertigstellung der Arbeit am zweiten Teil des »Faust«.
1832	Goethes Wunsch gemäß erscheint **»Faust. Der Tragödie Zweiter Teil«** nach seinem Tod.

Das Gesamtwerk

Goethes dichterisches Schaffen umfasst alle literarischen Gattungen (Epik, Lyrik, Drama). Sein umfangreiches und vielseitiges Gesamtwerk enthält darüber hinaus u.a. autobiografische, literaturtheoretische, philosophische und naturwissenschaftliche Schriften.

Goethe geht regelmäßig von konkreten, sinnlich erlebbaren Anschauungen aus, um zu übergeordneten Erkenntnissen zu gelangen. Wer diesen Ansatz, der sein Denken wesentlich prägte, versteht, besitzt einen wichtigen **Schlüssel zum Verständnis seines Gesamtwerks**.

Die folgenden Werke Goethes zählen zu den bedeutendsten der deutschen Literatur:

1773 **Götz von Berlichingen mit der eisernen Hand**
Der Ritter Götz von Berlichingen kämpft im Bauernkrieg für moralische Werte und Freiheit; er stirbt als Gefangener für seine Überzeugung. Goethe idealisiert u. a. das freie Reichsrittertum und die Auflehnung gegen das entstehende absolutistische Fürstentum.

1774 **Die Leiden des jungen Werthers**
Auch der Hauptfigur dieses Briefromans geht es um Selbstverwirklichung. Im Gegensatz zu Götz sucht Werther sie im Privaten. Werther liebt Lotte, die verlobt, also gebunden ist. Angesichts der Aussichtslosigkeit tötet er sich am Ende selbst.

1787 **Iphigenie auf Tauris**
Klassisches Schauspiel in fünf Akten. Der antike Stoff der Tantaliden-Sage, die griechische Tragödie (Euripi-

des) und der französische Klassizismus dienen gleichzeitig als Vorbild und Vorlage. Iphigenie lebt gegen ihren Willen als Priesterin auf Tauris. Sie hat Heimweh. Die überraschende Ankunft ihres Bruders Orest bietet ihr die Möglichkeit zu fliehen. Sie entschließt sich jedoch, König Thoas von Tauris offen um die Erlaubnis zu bitten, in ihre griechische Heimat zurückkehren zu dürfen. Wider Erwarten stimmt er zu. Dieses Drama ist vom Streben nach Harmonie geprägt: zwischen Menschen und Göttern, Herrschern und Beherrschten, zwischen Antike und Moderne.

1788 **Egmont** (Trauerspiel)

1790 **Torquato Tasso** (Schauspiel)

1795/96 **Wilhelm Meisters Lehrjahre**

Mit diesem Werk, das den Lebensweg eines Menschen bürgerlicher Herkunft darstellt, begründet Goethe den modernen Erziehungs- und Bildungsroman.

1808 **Faust. Der Tragödie Erster Teil**

1809 **Die Wahlverwandtschaften** (Roman)

1821/29 **Wilhelm Meisters Wanderjahre**

Die »Wanderjahre« zählen bereits zum Spätwerk Goethes. Sie enthalten erzählerische Teile, Abhandlungen, Briefe, Aphorismen (knapp formulierte geistreiche Gedanken) und Novellen. Ein zentrales Thema ist die Ehrfurcht: Die Ehrfurcht vor Höherem, Niedrigerem und Gleichgestelltem führt zu Ehrfurcht vor sich selbst. Die Ehrfurcht vor sich selbst ist Voraussetzung für eine positive menschliche Entwicklung.

1832 **Faust. Der Tragödie Zweiter Teil**

Der Aufbau des Textes

Dreiteilige Eröffnung

1. *Zueignung*
2. *Vorspiel auf dem Theater*
3. *Prolog im Himmel:*

Beginn der himmlischen Rahmenhandlung von »Faust« I und II (s. S. 48)

»Faust I«

Erster Teil der irdischen Binnenhandlung: Reise durch die *kleine Welt*

Hauptteil I

Die »Gelehrtentragödie«

Einleitung

Der Protagonist (Hauptfigur) Faust wird vorgestellt.
Nacht: Drei vergebliche Entgrenzungsversuche:

- Anrufung des Makrokosmos
- Beschwörung des Erdgeists
- Freitodgedanke

← Gespräch mit Wagner

← *Vor dem Tor:* Osterspaziergang

1. Teil

Der Antagonist (Gegenspieler) Mephisto tritt auf.

- *Studierzimmer [I]:* Mephisto stellt sich vor.
- *Studierzimmer [II]:* Der Pakt.

← Schülerszene

2. Teil

Mephisto führt Faust seine Angebotspalette vor:

- *Auerbachs Keller:* Besäufnisse und kleine Zaubereien können Faust nicht befriedigen.
- *Hexenküche:* Faust wird verjüngt. Er sieht im Zauberspiegel eine attraktive junge Frau. Das wirkt schon eher.

»Zwischenspiele« und »Gelenkszenen«

- Gespräch mit Wagner
- *Vor dem Tor:* Osterspaziergang
- Schülerszene

Hauptteil II **Die »Gretchentragödie«**

Einleitung *Straße, Abend:* Faust und Gretchen begegnen sich.

Spaziergang: Der Teufel ist wütend.

1. Teil Faust und Gretchen verlieben sich ineinander.

- *Der Nachbarin Haus:* Mephisto arrangiert mit Marthes Hilfe das erste Rendezvous.
- *Garten:* Das erste Rendezvous findet statt.
- *Marthens Garten:* Verabredung zur ersten gemeinsamen Nacht.

Wald und Höhle: Faust erkennt, dass er Gretchens Leben zerstören wird.

Am Brunnen: Klatsch und eine düstere Prognose

2. Teil Gretchen und Faust fallen in Schuld.

- *Zwinger:* Gretchen ist in tiefer Not.
- *Nacht:* Faust tötet Gretchens Bruder, der sie sterbend verflucht.
- *Dom:* Gretchens Mutter ist gestorben. Gretchen fühlt das Jüngste Gericht über sich hereinbrechen.

Walpurgisnacht: Ablenkung ist angesagt!

Walpurgisnachtstraum: Theateraufführung

Trüber Tag: Faust will Gretchen unverzüglich befreien.

Ende Gretchen entscheidet sich für Tod und Sühne. *Kerker:* Gretchen hat ihr neugeborenes Kind getötet und wartet auf ihre Hinrichtung. Sie entscheidet sich gegen die Flucht mit Faust und damit für ihre Erlösung.

»Faust II« **Zweiter Teil der irdischen Binnenhandlung: Reise durch die *große Welt* und**

Abschluss der himmlischen Rahmenhandlung.

© mentor

Die sprachliche Form

> *Gehalt bringt die Form mit,*
> *Form ist nie ohne Gehalt.* (Goethe[1])

Da Goethe das Versmaß ständig variiert, ist eine eindeutige Identifikation oft schwierig.

Regelmäßige Vierheber

Klare Struktur: Auftakt, vier Wechsel von unbetonten und betonten Silben (Alternation: ◡ | ´ ◡ | ´ ◡ | ´ ◡ | ´): wirkt ausgeglichen

Madrigalvers

Wie oben, aber mit variierender Taktzahl: wirkt plaudernd, lässig, rational, gut geeignet für Gespräche (s. S. 55f.)

Knittelvers

Vierhebig, unregelmäßige Taktfüllung: wirkt etwas altertümlich und z. T. holprig, häufiges Versmaß im »Urfaust«

Blankvers

Reimlose, fünfhebige Jamben (Jambus = eine Senkung und eine Hebung, z. B. *Bemühn*, fünf Jamben ergeben einen Vers): wirkt ernst, streng, klassisch

Freie Rhythmen

Reimlos, ohne metrische Regeln (beliebige Zeilenlänge und Taktfüllung): wirkt expressiv, leidenschaftlich

Prosa

Nur 3184–95 und die Szene *Trüber Tag. Feld.* Die extremen Gefühle Fausts kommen ungebändigt zum Ausdruck (s. S. 56).

1 1800, im »Schema« zum »Faust«, zit. nach A. Schöne (s. S. 61), S. 24. Zur sprachlichen Form s. auch S. 55f. und S. 60.

Neben den Beispielen unten finden sich auch lyrische Passagen: Gretchen (2759–82, 3374–3413, 3587–3619), kirchliche Chöre (z. B. 737ff., 3798ff.), Zaubersprüche (z. B. 1273ff., 2540–52), verschiedene Arten von Liedern (z.B. 852ff., 949–80, 2090ff., 3682–97), Gesänge in der Walpurgisnacht, die Zueignung u. a.[2]

→ Faust in ruhigen Momenten des Eingangsmonologs:
O sähst du, voller Mondenschein,
Zum letzten Mal auf meine Pein, […] (386–393, 419–428)

→ Schülerszene: nach bezeichnender Einleitung (2009f.):
Der Geist der Medizin ist leicht zu fassen;
Ihr durchstudiert die groß' und kleine Welt, […] (2011ff.)

→ *Habe nun, ach! Philosophie,*
Juristerei und Medizin,
Und leider auch Theologie! […] (354–59, 3120–25)

→ *Wald und Höhle* (3217–50)
Erhabner Geist, du gabst mir, gabst mir alles,
Warum ich bat. Du hast mir nicht umsonst
Dein Angesicht im Feuer zugewendet. (3217–19)

→ Erdgeistszene (468–81), Religionsgespräch (3431–58)
Misshör mich nicht, du holdes Angesicht!
Wer darf ihn nennen? (3431–32)

→ *Im Elend! Verzweifelnd! […] Mir wühlt es Mark und Leben durch […]. Den grässlichsten Fluch über dich auf Jahrtausende!* (nach 4398)

2 s. S. 35, 45, 55f., 60.

Die Entstehung

Der »Faust« entstand in vier Phasen:

1. **»Urfaust«**[1] (Frankfurt, vermutlich 1773–75)
2. »Faust. Ein **Fragment**« (Italien, 1786–88)
3. »Faust. Der Tragödie **Erster Teil**« (Weimar, 1795–1806)
4. »Faust. Der Tragödie **Zweiter Teil**« (Weimar, 1797–1800 und 1825–31)

Den **»Urfaust«** schrieb Goethe als junger Mann. Er hat ihn nie veröffentlicht, sondern der Text wurde erst 1887 (!) im Nachlass einer Hofdame gefunden, die ihn abgeschrieben hatte. Diese frühe Fassung des »Faust« ist ein Werk des Sturm und Drang; es handelt sich dabei um eine lockere, noch unvollständige Szenenfolge, z. T. in Prosa geschrieben, nicht um ein durchkomponiertes Gesamtwerk.

Der »Urfaust« enthält Teile der **»Gelehrtentragödie«**: den Eingangsmonolog, die Beschwörung des Erdgeists, die Gespräche zwischen Faust und Wagner sowie zwischen Mephisto und dem Studenten und die Szene in Auerbachs Keller. Die **»Gretchentragödie«** ist schon fast vollständig ausgearbeitet und umfasst zwei Drittel des Dramas.

Hintergrund

Zur **Gretchen-Figur:** 1771/72 erlebte Goethe als junger Jurist die Verurteilung und Hinrichtung der Kindsmörderin Susanna Margaretha Brandt mit (s. S. 23), was dazu führte, dass er als einer der Ersten ein solches Schicksal in einem größeren literarischen Werk behandelte. Das Thema wurde im Sturm und Drang mehrfach bearbeitet (z. B. 1776 von Goethes Freund Heinrich Leopold Wagner in dem Drama »Die Kindermörderin«). Die Beziehung einer männlichen Hauptfigur zu einem Mädchen aus einfachen Verhältnissen war zu dieser Zeit ein Modethema.

1 A. Schöne verwendet hierfür mit guten Gründen die Bezeichnung »Faust. Frühe Fassung«, vgl. A. Schöne (s. S. 61), S. 81–83.

Bis zu Goethes erster Italienreise hatte die Arbeit am »Faust« geruht. In Italien überarbeitete Goethe das Werk nach **klassischen Kriterien**: Er ersetzte fast alle Prosateile durch Verse, der Anfang der Schülerszene wurde umgeschrieben, neu eingearbeitet wurden *Hexenküche, Wald und Höhle* und ein Teil der Paktszene. Die Charaktere von Faust und Mephisto wurden deutlicher. Der in Prosa verfasste Schluss des »Urfaust« fehlt. Da Goethe glaubte, dass er das Werk nie zu einem befriedigenden Ende bringen würde, veröffentlichte er es 1790 als **Fragment**.

Doch Schiller motivierte Goethe zur endgültigen Fertigstellung von **»Faust I«** (veröffentlicht 1808). Mithilfe eines ausführlichen **Schemas** sortierte er die bis dahin entstandenen Teile des »Faust«. Nun konnte er strukturiert weiterarbeiten und die **Lücken schließen**. Die endgültige Ausführung der Wette zwischen Faust und Mephisto verbindet Faust- und Gretchenhandlung. Außerdem entstand die dreiteilige Eröffnung mit der Zueignung, dem *Vorspiel auf dem Theater* und dem *Prolog im Himmel.* Die Szenen mit Valentins Tod und der Walpurgisnacht sowie der Abschluss der Gretchenhandlung (z. T. schon im »Urfaust« enthalten) wurden neu geschrieben bzw. überarbeitet. Die Figur des Faust, z. B. sein Irren und Streben und seine Zwiespältigkeit, wurde konsequent gestaltet.

Das offene Ende der Fausthandlung verlangt nach der Fortsetzung **»Faust II«**. Schon 1787 bis 1800 konzipierte und verfasste Goethe Teile des Endes (5. Akt) und der Verbindung von Faust und Helena, von Abendland und Antike. Doch dann ruhte die Arbeit rund 20 Jahre. Johann Peter Eckermann, einem Vertrauten und engem Mitarbeiter Goethes, gelang es 1825 durch beharrliches Drängen, Goethe zur Weiterarbeit zu bewegen. Bis 1831 arbeitete er regelmäßig an »Faust II«. Nach der Vollendung siegelte Goethe das Werk ein und bestimmte, dass es erst nach seinem Tod veröffentlicht werden sollte. Seinem Wunsch entsprechend erschien »Faust II« 1832.

Der Stoff

Die **Faustsage** war zur Zeit Goethes überaus beliebt. **Wanderbühnen**, die verschiedene Versionen der Geschichte als Schauspiel oder als Puppenspiel aufführten, sowie Jahrmarktsdrucke machten die Figur des Faust in fast ganz Europa bekannt.

Auch **Goethe** begeisterte sich schon früh für diesen Stoff und dürfte verschiedene Fassungen gekannt haben. Die bekanntesten waren:

- das **Volksbuch** des Johann Spies (1587) und dessen Bearbeitungen sowie
- das **Schauspiel** von Christopher **Marlowe** (1604), einem Landsmann und Zeitgenossen Shakespeares.

Der **historische Faust** lebte ungefähr von 1480 bis 1540 in Deutschland. Er besaß für die damalige Zeit umfassende medizinische, theologische und naturwissenschaftliche Kenntnisse. Berühmt wurde er allerdings als Magier und Wahrsager, und ihm wurde nachgesagt, er stünde im Bund mit dem Teufel. Die Faszination, die von dieser Figur ausging, hing sicher damit zusammen, dass Faust es wagte, individuell zu denken und zu handeln – auch gegen die Autorität der Kirche.

Das **Volksbuch** »Historia D. Johannes Faust« (J. Spies) handelt von dem Teufelsbündler Faust. Es erfreute sich solcher Beliebtheit, dass es innerhalb von 20 Jahren in mehrere Sprachen übersetzt wurde. In England diente es **Marlowe** vermutlich als Vorlage für sein **Schauspiel** »The tragical history of Doctor Faustus«. Marlowe schuf die Figur des nach umfassender Erkenntnis strebenden und sich gegen die Allmacht Gottes auflehnenden Faust. Sein Stück wurde wiederum ins Deutsche übersetzt und stellte die Textgrundlage für spektakuläre Aufführungen durch Wandertruppen und populäre Puppenspiele dar. Während des gesamten 17. und am Anfang des 18. Jahrhunderts fanden im deutschsprachigen Raum regelmäßig Aufführungen dieses Schauspiels statt. **Goethe** orientierte sich vor allem zu Beginn des »Faust I« an der Marlow'schen Vorlage.

Die Wirkung

Seit 1750 entstanden mehrere hundert literarische und auch musikalische Werke, deren Hauptfigur Faust ist, u. a. von Gotthold Ephraim Lessing, Heinrich Heine, Thomas Mann, Franz Liszt. Das berühmteste **Drama** wurde der »Faust« von **Goethe**, der berühmteste **Roman** der 1947 erschienene »Doktor Faustus« von **Thomas Mann**.

Goethes »Faust« wurde bald nach seinem Erscheinen einem breiten Publikum bekannt. Er ist das wohl berühmteste literarische Werk in deutscher Sprache und die häufigste Lektüre in der Oberstufe. Literaturwissenschaftler interpretierten das Drama, seit es existiert, höchst unterschiedlich. Mittlerweile existiert eine ganze **Bibliothek** an Titeln **zum Thema »Faust«**.

Das Verständnis des Dramas, die **Interpretation** der Figur des Faust und die Definition des Begriffs »faustisch« richteten sich jeweils nach der Epoche, der Ideologie, die vorherrschte, und den individuellen Ansichten der Verfasser. Beispielsweise galt Faust aus deutsch-nationaler Sicht als ein Mann mit typisch deutschem Charakter; das Adjektiv »faustisch« konnte vielen Soldaten im Ersten Weltkrieg Mut machen.[1]

Zentral für das **Gesamtverständnis** des »Faust« ist die Interpretation des Prologs und des 5. Aktes von »Faust II«, also die Frage nach der Anlage des Dramas und dem Ausgang der Wetten. Seit etwa Mitte dieses Jahrhunderts bemühen sich Interpreten verstärkt darum, mit emotionalem Abstand auf eine Verklärung oder Verdammung Fausts zu verzichten. Bemerkenswert gut ist dies in den letzten Jahrzehnten englischen, amerikanischen und französischen Germanisten gelungen.

Die diversen **Bühnenbearbeitungen** und **Verfilmungen** des »Faust« bilden eigene Kapitel der Rezeptionsgeschichte (vgl. dazu s. S. 62).

Hintergrund

1 vgl. Hans Schwerte: Faust und das Faustische. Ein Kapitel deutscher Ideologie. Stuttgart 1962, S. 148f.

Die literarische Gattung

Der »Faust« ist ein Drama mit epischen und lyrischen Passagen. Goethe bezeichnet seinen »Faust« als **Tragödie**. Diese Tragödie enthält allerdings auch komödiantische Einlagen, ein bürgerliches Trauerspiel (s. S. 53) und viele weitere gattungsfremde Merkmale.

Drama

Nach **klassischem – aristotelischem – Muster** bestehen Dramen aus fünf (oder auch drei) Akten, deren Form strengen Regeln unterliegt. »Faust I« ist hingegen eine eher lockere Szenenfolge, typisch für die Zeit des Sturm und Drang, während der Goethe den »Urfaust« entwarf.

Tragödie

Nach Aristoteles – Goethe kannte die »Poetik« des Aristoteles gut – besteht die Wirkung der Tragödie in der durch *phobos* und *eleos* bestimmten **Katharsis**: Durch den Schauder (*phobos*) vor dem unentrinnbaren Schicksal der Menschen und durch den Jammer (*eleos*) über das, was den Hauptfiguren geschieht, gelangt der Zuschauer mittels der Katharsis (Reinigung) zu einem befreiten, intensivierten Lebensgefühl, das vom **Bewusstsein einer höheren** (göttlichen) **Ordnung** geprägt ist (griechische Schicksalsidee).

Der Held muss allerdings nicht zwangsläufig untergehen; auch das würdige Annehmen der zugeteilten Lebensrolle ist in diesem Sinne tragisch. Faust gelingt dies in unterschiedlichem Maß, deutlich erst am Ende von »Faust II«. Gretchen verstrickt sich durch Liebe in Schuld (s.S.44f.). Sie trägt die Konsequenzen und erlangt so sittliche Freiheit. Dies ist im klassischen Sinn tragisch. Auch Mephisto ist eine tragische Figur.

In diesem Sinne kann der »Faust« zu Recht als Tragödie bezeichnet werden, auch wenn er sich formal nicht in das aristotelische Muster einordnen lässt.

Eine Besonderheit der Tragödie »Faust I« besteht darin, dass Goethe **andere literarische Gattungen** integriert, z. B.:

- **Komödie:** Viele Szenen, in denen **Mephisto** mitspielt, enthalten komödiantische Züge (z.B. die Schülerszene, Teile von *Auerbachs Keller, Spaziergang* und *Garten*).

- **Mysterienspiel:** Der äußere Rahmen der gesamten Tragödie erinnert an religiöse mittelalterliche Schauspiele (*Prolog im Himmel,* das Ende von »Faust« I und II).

- **Spiel im Spiel:** Es gibt mehrere »kleine«, in die Tragödie integrierte Dramen mit in sich abgeschlossenen Handlungen: *Auerbachs Keller, Hexenküche,* Valentinszene und die opernhafte *Walpurgisnacht*, die mit dem *Walpurgisnachtstraum* ein Spiel im Spiel im Spiel enthält.

- **Epik:** Wie viele Dramen enthält auch der »Faust« erzählerische Elemente, z. B. in Monologen Fausts (Eingangsmonolog, *Abend, Wald und Höhle*).

- **Lyrik I: Gretchen** äußert sich häufig in lyrischen Formen: Ballade vom *König in Thule,* Gedicht *Meine Ruh ist hin,* Gebet *Ach neige, / Du Schmerzenreiche,* lyrische Passagen in der Kerkerszene.

- **Lyrik II:** Auch das **einfache Volk** äußert sich immer wieder lyrisch, nämlich in **Liedern**. In der Szene *Vor dem Tor* singen die Bettler, die Soldaten und die Bauern; in *Auerbachs Keller* werden Trinklieder gesungen.

- **Lyrik III:** Szenen, in denen die christliche Religion bedeutsam wird, enthalten regelmäßig **Chöre** (im Prolog, die Osterchöre und im Dom).

- **Lyrik IV:** alle **Zaubersprüche** sind als Gedichte verfasst (Fausts Beschwörungen der verschiedenen Geister, Mephisto im Studierzimmer, das *Hexen-Einmal-Eins* und andere Hexensprüche).

- **Lyrik V:** Auch die *Zueignung* ist ein Gedicht.

Faust II

»Faust II« (1832) umfasst fünf Akte. Er ist Teil der irdischen Binnenhandlung (s. S. 26f. und S. 48) und damit der Gesamtkonzeption des Faustdramas.

Faust hat das Ziel, zu erleben, *was der ganzen Menschheit zugeteilt ist* (»Faust I«, 1771). So tritt er unter Mephistos Führung zuerst die Reise durch die *kleine Welt* an (»Faust I«). In »Faust II« reisen die beiden durch die *große Welt* (vgl. »Faust I«, 2052). Die gesamte **Menschheitsgeschichte von der griechischen Antike bis zu Goethes letzten Lebensjahren** dient als Hintergrund. Das zeugt vom umfassenden Wissen Goethes, erschwert dem Leser aber gleichzeitig das Verständnis; dazu kommen die vielen Schauplätze und Themen, die Zeitsprünge und das enorme Figurenarsenal, die vielfältigen historischen Bezüge und die zahlreichen poetischen Formeln (s. S. 49f.).

Erster Akt – Szene: *Anmutige Gegend*

Nachdem er Gretchen verlassen hat, bricht Faust im Bewusstsein seiner Schuld zusammen. Ein Heilschlaf schenkt ihm das Vergessen. Sein Streben nach umfassender Erkenntnis wandelt sich. Ein Naturbild beweist ihm, dass Menschen niemals die reine Wahrheit sehen können: Faust kann nicht direkt in die Sonne, das Licht, schauen. Er muss sich, wie andere Menschen, mit dem Genuss des *farbigen Abglanz[es]* (»Faust II«, 4727), hier einem Regenbogen, begnügen.

Stichworte zur Reise durch die *große Welt*

Am Kaiserhof wird die höfische Welt mit ihrer Etikette, Dekadenz und ihren Geldgeschäften dargestellt. Der **Schüler**, mittlerweile in akademischen Würden, und **Dr. Wagner**, der fortschrittliche Erfinder des künstlichen Menschen *Homunculus*, treten wieder auf. In der klassischen Walpurgisnacht wird in antiken Gefilden das Entstehen der Natur gefeiert und die Verbindung von Faust und Helena vorbereitet.

Ihre Hochzeit kann als poetische Formel für die Vereinigung von Antike und Abendland gelten. Faust gewinnt durch einen als unsinnig dargestellten Krieg politische Macht und wird Unternehmer.

Fünfter Akt – die drei Schlussszenen

Um »Faust I« deuten zu können, muss man das Ende von »Faust II« kennen, denn bis dahin bleibt der Ausgang der Wetten offen (s. S. 48 und 51f.). Bis zum fünften Akt scheitert Faust eigentlich mit allem, was er anfängt. Doch kurz vor Schluss erlebt er in der Szene *Großer Vorhof des Palasts* als Vision den so lange ersehnten von *Glück* erfüllten *höchsten Augenblick* (»Faust II«, 11580ff.) und stirbt. Damit ist die Binnenhandlung des »Faust« (s. S. 48) abgeschlossen. In der Szene *Grablegung*, die wie der *Prolog im Himmel* in überirdischen Sphären spielt, erkämpfen sich die Engel, indem sie Mephisto ablenken, Fausts unsterbliche Seele. In der Schlussszene *Bergschluchten* erklären die Engel, warum Faust erlöst wurde:

> *Gerettet ist das edle Glied*
> *Der Geisterwelt vom Bösen,*
> *Wer immer strebend sich bemüht,*
> *Den können wir erlösen.* (11934–37)

Damit ist auch die Verbindung zum *Prolog* hergestellt; dort sprach der Herr: *Es irrt der Mensch so lang er strebt* (317).

Ganz am Ende tritt Gretchen noch einmal auf. Als erlöste Büßerin empfängt sie Fausts *Unsterbliches*, indem sie sich mit folgenden Worten an die *Himmelskönigin* Maria wendet:

> *Neige, neige,*
> *Du Ohnegleiche, / du Strahlenreiche,*
> *Dein Antlitz gnädig meinem Glück.*
> *Der früh Geliebte, / Nicht mehr Getrübte,*
> *Er kommt zurück.*
> (12069–75, vgl. »Faust I«, 3587–3619 und S. 18).

Hintergrund

Interpretation

Textanalyse

»*Ei! so habt doch endlich einmal die Courage, euch den Eindrücken hinzugeben, euch ergötzen zu lassen, euch rühren zu lassen, euch erheben zu lassen, ja euch belehren und zu etwas Großem entflammen und ermutigen zu lassen.* (Goethe[1])

Nehmen Sie diese von Goethe selbst formulierte **Ermutigung** ruhig ernst! Denn sie gilt auch für den »Faust«, auf den Goethe gleich nach den zitierten Sätzen zu sprechen kommt.[2] Lassen Sie sich nicht von dem Ruf, der dem »Faust« als dem Werk Goethes vorauseilt, abschrecken. Lesen Sie den »Faust« so unbefangen wie möglich, **genießen Sie** die ironisch-amüsanten Szenen und den sprachlichen Klang. Und achten Sie auf **Ihre Assoziationen,** denn Goethe hat sein Werk bewusst so angelegt, dass es vielfältige Bezüge zu konkreten Lebenssituationen ermöglicht – auch in der heutigen Zeit und auch für Sie.

Seit der »Faust« existiert, wird er diskutiert und kommentiert. Die **Deutungen** sind entsprechend **vielseitig** und **widersprechen** sich bisweilen heftig. Auf den folgenden Seiten wollen wir Ihnen den Zugang zu diesem »Klassiker« erleichtern. Eine endgültige Interpretation können wir Ihnen allerdings nicht anbieten – diese wird es wohl nie geben.

Die folgende Textanalyse ist in zwei Bereiche unterteilt:

1. **Die Figuren:** die Hauptpersonen und einige weitere wichtige Figuren und ihre Beziehungen zueinander.
2. **Zur Konzeption des Dramas:** äußere und innere Struktur.

1 am 6. Mai 1827 zu Eckermann, zit. nach R. Sudau (s. S. 61f.), S. 246.

2 vgl. das Zitat auf S. 4.

1. Die Figuren

Im Vergleich zu anderen – vor allem klassischen – Dramen gibt es im »Faust« neben den Hauptpersonen eine **enorme Anzahl von weiteren Figuren**. Sie stellen die Vielseitigkeit der Menschen und der von ihnen erdachten Wesen dar. Alle Gestalten, denen Faust auf seiner Lebensreise begegnet, haben ihren Platz und ihre Funktion; z. B. wird in der Szene *Vor dem Tor* das Stadtvolk durch Berufs- und Standesbezeichnungen, Worte und Handlungen charakterisiert. So erlebte ein Zeitgenosse in dieser Szene auch einen Ausschnitt aus der eigenen Realität, und wir lernen damit Gretchens Welt kennen.

Einige **Figuren** treten an ganz verschiedenen Stellen des Dramas auf. Sie **verknüpfen** sowohl die einzelnen Szenen von »Faust I« miteinander als auch den ersten und zweiten Teil des Gesamtwerks. Figuren des ersten Teils, die auch in »Faust II« auftreten, sind z.B. Faust, Mephisto, Gretchen, Wagner und der Schüler. Dieses Vorgehen zählt zu den gängigen literarischen Techniken.

Eine Besonderheit des »Faust« ist allerdings, dass sich manche der Figuren erheblich verändern. Dies kann sowohl ihren Charakter als auch die äußere Erscheinung betreffen. »Faust I« ist ein **Charakterdrama,** dessen detailliert ausgearbeitete Charaktere sich innerhalb ihrer Grundanlage fortwährend wandeln und so einen lebendigen Eindruck schaffen. Goethe sah in der **Metamorphose,** der ständigen **Wandlung** alles Lebenden, einen Schlüssel, um die Natur und damit auch das Leben verstehen zu können.

Viele der Figuren werden durch feste Beziehungen miteinander verbunden; auch diese **Figurenkonstellationen** verknüpfen die einzelnen Szenen und Teile des Dramas. Dies gilt vor allem für das **Figurenpaar Faust – Mephisto** und das **Figurendreieck Mephisto – Faust – Gretchen**.

1.1 Faust

Im *Prolog im Himmel* wird die Titelfigur Faust **indirekt eingeführt**. Mephisto beschreibt geringschätzig dessen ruhelose Unzufriedenheit, während der Herr sicher ist, dass er sich auf dem rechten Weg befindet (300f.). Faust ist wie Hiob (s. S. 51) ein Mensch, den die höheren Mächte mit den Einflüssen der dämonischen Kräfte konfrontieren.

In dem berühmten **Eingangsmonolog** stellt sich Faust vor. Der beruflich anerkannte und erfolgreiche Professor hat sich alles Wissen angeeignet, das seiner Zeit zur Verfügung stand. Doch er ist zutiefst unzufrieden mit dem, was er weiß und was ihm das Leben bietet. Faust hat sich der **Grenze** dessen, was ein Mensch erkennen kann, immer mehr genähert, z. B. mithilfe seines umfassenden Wissens oder auch durch Magie. Es gelingt ihm jedoch nicht, sie zu **überschreiten**, obwohl er dies mit seiner ganzen Kraft anstrebt.

Fausts Beschreibung der Atmosphäre seines engen Arbeitszimmers – *[v]erfluchtes dumpfes Mauerloch* (399) – veranschaulicht gleichzeitig das Gefühl der geistigen Enge und Fausts Verzweiflung über diesen Zustand. Aus diesem unerträglichen Zustand will er um jeden Preis ausbrechen. Die nachfolgende Handlung ist eine Abfolge von **Ausbruchsversuchen,** die bis zum Ende von »Faust II« scheitern.

Fausts Charakterzüge verändern sich ständig. Auf den verschiedenen Stationen seines Lebensweges nimmt er ständig neue **Rollen** ein: Als Magier bemüht er sich z.B. um Kontakt zu außerirdischen Wesen (428–517). Der Wissenschaftler Faust zeigt sich z.B. im Eingangsmonolog (354–373) und im Gespräch mit Wagner (522–601). Soeben noch kurz vor dem Freitod stehend (686–736), wandelt er sich zum jovialen Doktor, der freundlich und souverän den Kontakt zum Volk pflegt (981–1010), während er gleichzeitig als aufmerksamer Beobachter die Vorgänge in Stadt und Natur überblickt (903–40) und über sein Handeln und seine innere Gespaltenheit reflektiert (1024–1125). Er ist Bibelübersetzer (1215–37) und als Disputationspartner Mephisto ebenbürtig (z.B. 1644–1711). Es folgen die Rollen des schweigsamen, ablehnenden Zuschauers in *Auerbachs Keller* und des skeptischen und des neugierigen Gastes in der *Hexenküche* und während der *Walpurgisnacht.* Schließlich wandelt er sich im Verlauf der Gretchenhandlung vom triebhaft Begehrenden (z. B. 2619–74) zum aufrichtig, aber verantwortungslos Liebenden.

Der Titan[1] Faust hält sich in einem Moment für göttlich, z.B. in der Erdgeistszene (439, 516), um im nächsten Moment völlig zusammenzubrechen. Dieses **Wechselspiel von Euphorie und Depression** wiederholt sich im Verlauf des Dramas mehrfach, z. B. in den Szenen *Studierzimmer* I und II, *Abend, Wald und Höhle.*

Faust hat keinen einheitlichen Charakter, er vereinigt eine Anzahl extremer Eigenschaften: Er ist hochintelligent, hat sogar geniale Züge, ist äußerst emotional und aufbrausend, fühlt sich gottähnlich und bricht im nächsten Moment verzweifelt zusammen. Er leidet unter seiner **Gespaltenheit** (1112), verkörpert eindrucksvoll die Situation von Menschen, die sich in einer Grenzlage befinden. Pausenlos treibt er sich selbst an; auf der Suche nach Erkenntnis rastlos strebend, stolpert er von einem Irrtum zum nächsten. Durch seine Egozentrik und Maßlosigkeit versperrt er sich selbst den Weg zu seinem Ziel. Das macht ihn gewiss nicht zu einem positiven Helden. Aber er ist ehrlich in seinen verzweifelten Bemühungen und bietet vielfältige Identifikationsmöglichkeiten. Diese Titelfigur verfügt nicht über Rezepte zur Lebensbewältigung, doch für viele Situationen kann sie wertvolle Denkanstöße geben.

1 Der Begriff **Titanismus** wird im Zusammenhang mit Faust häufig gebraucht. (Die Titanen sind ein Göttergeschlecht der griechischen Mythologie.)

1.2 Mephisto

Die Herkunft des **Namens Mephisto(pheles)** ist nicht gesichert. Vielleicht ist der Ursprung hebräisch, abgeleitet von »mephir« (Verderber, Zerstörer) und »tophel« (Lügner). Immerhin weist diese ungesicherte Herleitung treffend auf die teuflischen Charakterzüge hin. Goethe übernahm diesen Namen aus den Faustbüchern.

Mephisto und Faust gehören untrennbar zusammen. Sie bilden ein polares **Figurenpaar**, das sich ergänzt und voneinander abhängig ist, entsprechend häufig streiten die beiden. Obwohl Mephisto freimütig bekennt, dass das *Böse* sein *eigentliches Element* (1343f.) ist, sollte man ihm nicht – wie Faust (z. B. in *Trüber Tag. Feld*) – die Schuld an allem, was schlecht läuft, geben, denn Mephisto steht in Fausts Dienst; er ist sein *Geselle, Diener und Knecht* (1645f.).

Aber **wer ist** der Knecht **Mephisto**? Der Herr zählt Mephisto zu seinem Gesinde: Mephisto wirkt als Teufel genauso wie die Engel am göttlichen Werk mit (342f.). Mephisto selbst stellt sich Faust als ein *Teil von jener Kraft, / Die stets das Böse will und stets das Gute schafft* (1335f.) vor. Das paradoxe ***Rätselwort*** ist doppeldeutig: Es kann einerseits wörtlich, d. h. im Sinne der Einschätzung des Herrn genommen werden. Andererseits kann Mephisto, der sich in seiner weiteren Selbstdarstellung als Verkörperung des negativen Prinzips beschreibt (338ff.), mit dem Guten, das er schafft, auch das in seinem Sinne Gute, nämlich das Böse, meinen. Offen bleibt, ob Mephisto die eigene Tragik »unbewusst« oder reflektiert so treffend beschreibt: **Mephistos Tragik** besteht darin, dass immer, wenn es so aussieht, als sei er seinem Ziel, dem Bösen, zum Greifen nah, eine Wende eintritt. Als der Pakt, in dem Mephisto Faust Lebensgenuss verspricht, schon abgeschlossen zu sein scheint, wandelt ihn Faust noch zur Wette um. Vergleichbar verhält es sich bei Gretchen: Erfolgreich weckt Mephisto Fausts triebhafte Begierde, und dann wird daraus Liebe.

Mephisto ist unschöpferisch, empfindungslos, ein ewiger Widersacher, ohne Liebe und bar jeden Gefühls. Außerdem ist er noch viel mehr als Faust ein **Verwandlungskünstler**, der sich in Sprache und äußerer Erscheinung perfekt seiner jeweiligen Rolle und seinem Gegenüber anpasst.

Neben seiner Eigenschaft als Teufel hat Mephisto eine weitere Funktion und Rolle: Mephisto ist auch der ***Schalk*** (339) oder der Narr. Den Schutz, den diese Rolle bietet, nutzt Goethe, um Universität (1868–2050) und Kirche (2805–48) schonungslos zu kritisieren. Der Schalk trägt viel zu den amüsanten und ironischen Passagen bei.

Überdies hat Mephisto eine **verbindende Funktion** für das Werk. Er tritt in fast jeder Szene auf, ist als Lauscher, Beobachter, Kuppler und derjenige, der die Fäden zieht, immer im Hintergrund präsent. (Die Leiter der Wanderbühnen, die zur Verbreitung des ursprünglichen Fauststoffes erheblich beitrugen [s. S. 32], übernahmen als Spielführer vergleichbare Aufgaben, häufig in der Rolle des Narren.)

Thomas Mann über Mephisto und seine Sprache:

» *Man höre Mephistos Sprache: sie ist, in scharfem Gegensatz zu der ernsten, gefühlvollen, leidenschaftlichen Redeweise Faustens, burschikos-mondän, salopp, aber witzig, kritisch-souverän und abschätzig, mit Fremdwörtern gespickt und schlagend amüsant. Er spricht die gelungensten und einprägsamsten, weil leichtesten, im parlando hingeworfenen Verse: »Mein guter Herr, Ihr seht die Sachen, / Wie man die Sachen eben sieht; / Wir müssen das gescheiter machen« etc. Das ist der Ton.*
Es ist die achselzuckende Überlegenheit des Weltmenschen (der Teufel ist im Grunde nicht mehr als ein Weltmensch) über den ernsten, tiefen, bemühten Menschen, den Pathetiker, der [...] in weltlichen Dingen sein Schüler ist und sich von ihm führen lässt.[1]

1 Thomas Mann: Über Goethes »Faust« (1938). In: ders.: Adel des Geistes. Berlin 1956, S. 600.

1.3 Gretchen

Was für eine **Position** nimmt Gretchen gegenüber den starken Charakteren der männlichen Figuren ein? Welche weibliche Figur, deren Rollenverhalten den damals uneingeschränkt gültigen christlich-patriarchalischen Wertvorstellungen entspricht, kann neben Faust und Mephisto bestehen?

Mit dem Beginn der Gretchen-Handlung (2605–4512) wird das polare Figurenpaar zum **Figurendreieck** erweitert. Die einander gegenüberstehenden gegensätzlichen Charaktere lassen sich wie folgt skizzieren:

Gretchen:	»naturhaftes« Sein, Gläubigkeit, Intuition
Faust:	Gefühl, Geist, Erkenntnisstreben
Mephisto:	Kälte, Verstand, Zerstörung

Auf den ersten Blick liegt es nahe, mit dem Namen Gretchen ein liebes, naives, sittsames Geschöpft mit entsprechender Frisur und Kleidung zu verbinden. Das ist das Bild vom **kleinbürgerlichen Mädchen,** dessen familiäres und soziales Umfeld, dessen häuslicher und religiöser Alltag genau beschrieben werden.[1] Es steht außer Frage, dass es die Regeln und Normen seiner kleinbürgerlichen katholischen Umgebung unhinterfragt verinnerlicht hat. Doch dieses kleinbürgerliche Mädchen ist nicht nur lieb und brav, sondern es hat auch ganz **realistische Eigenschaften**. Diesbezüglich unterscheidet Gretchen nichts von den Mädchen in ihrer Umgebung. Wie Lieschen lästerte sie vor ihrer Beziehung zu Faust über die »Fehltritte« anderer Mädchen (3577–83). Auch sie träumt von Schmuck und Reichtum (z. B. 2790–2804).

Aber diese dem Zeitgeist entsprechende, realistisch gestaltete glaubhafte Figur bildet nur den Hintergrund, die Basis, für Goethes Ent-

1 Diese Aspekte entfallen bei der Faust-Figur völlig.

wurf einer **idealisierten Frauengestalt**. Gretchens umfassende **Reinheit** hebt sie über real existierende Menschen hinaus. Rein sind ihre absolute Liebe, ihre tiefe Gläubigkeit, ihr naturhaftes, instinktives Erkennen und die daraus resultierenden empathisch-unbewussten, wahrhaftigen Äußerungen. Gretchen sind *ein paar der wundervollsten lyrischen Schöpfungen ihres Dichters in den Mund gelegt: »Meine Ruh ist hin«, »Der König von Thule«*[1]. Sie lebt und stirbt, ohne jemals aufzubegehren, in ihrer einschränkend reglementierten Welt.

Im Verlauf des Dramas wird Gretchen vom Mädchen zur Frau. Und zu einer **liebenden Frau** gehört nicht nur die Reinheit, sondern auch – daran ließ Goethe keinen Zweifel – spielerische Koketterie, körperliche Sehnsucht, sinnliches Begehren und leidenschaftliche Hingabe (z. B. 3205f., 3374–3413, 3505–20). Diese nicht nur tugendhaften, aber sehr intensiven Empfindungen veranlassen Gretchen dazu, sich über alle gesellschaftlichen Schranken hinwegzusetzen. Nachdem sie mit Faust geschlafen hat, weiß sie genau, dass sie gesündigt hat und was die Folgen sein werden. Für sie ist es selbstverständlich, dass sie die Konsequenzen zu tragen hat.

Zur gleichwertigen Partnerin von Faust und zu einer gleichwertigen Gegnerin von Mephisto wird sie durch ihre Reinheit, ihre absolute Liebe, ihren Realitätssinn und ihre Intuition. Da sie die Regeln ihrer Welt verinnerlicht und akzeptiert hat, ist für sie überdies auch in Extremsituationen (im Kerker) klar, wie sie zu handeln hat (4542–49, 4574–78, 4601–10).

Am Ende von »Faust I« ist Gretchens Rolle die einer hellsichtigen Wahnsinnigen, die durch ihre Entscheidung für die eigene Hinrichtung ihr Seelenheil rettet. So kann sie am Ende von »Faust II« als begnadigte Büßerin die Seele des *früh Geliebte[n]* (»Faust II«, 12073) freudig aufnehmen (s. S. 37). Dieser Teil des Himmels wird übrigens von der *Himmelskönigin* Maria (»Faust II«, 11995) »beherrscht«.

1 Th. Mann (s. S. 43, Fußnote 1), S. 608.

1.4 Figuren der Universitätssatire[1]

Wagner

Wagner ist bescheiden, menschenscheu und eher mitleiderregend, vom Menschentyp her das genaue Gegenteil von Faust. Auch als Wissenschaftler verkörpert er eine Gegengestalt zu Faust. Er ist ein akribischer Forscher, seine Leidenschaft gehört der Theorie. Mit der Natur und den einfachen Menschen kann er wenig anfangen, überschwängliche Gefühle würden ihn nur stören. Seine lebensferne Buchstabengläubigkeit führt im Alltag zu ungewollter Komik, die gleichzeitig die Kritik Goethes an einer derartigen Auffassung von Wissenschaft veranschaulicht: Denken Sie an Wagners Auftritt im Schlafrock mit der Nachtmütze direkt nach der erschütternden Erscheinung des Erdgeistes. Hinzu kommen sein groteskes Missverständnis – er glaubt, Faust habe laut rezitiert – und sein mangelndes Feingefühl – er merkt nicht, dass er stört.[2]

Schüler

Durch den Auftritt des Studenten entsteht eine Dreierkonstellation: Faust – Wagner – Schüler. Das Erkenntnisstreben des Schülers, sein Wunsch, Leben und Wissenschaft zu vereinen, auch sein Unbehagen angesichts der universitären Enge gleichen manchen Zügen Fausts. Seine Naivität, sein Optimismus und seine mangelnde Reflexionsfähigkeit grenzen ihn jedoch deutlich von Faust ab. Seine Warmherzigkeit und Lebenslust bilden einen Gegensatz zu Wagner.[2]

Die Trunkenbolde in Auerbachs Keller

Frosch, ein junger Student, Brander (Brandfuchs), ein Student im zweiten Semester, Siebel, ein Student älteren Semesters und Altmeyer, ein »alter Herr«, sind in ihrem angetrunkenen Zustand nicht ungefährlich. Die Szene weist auf die Plattheit und Rohheit solcher Menschen (auch von Studenten!) hin.

1.5 Die Welt Gretchens[1]

Marthe

Die zynische Bemerkung Mephistos charakterisiert sie treffend: *Das ist ein Weib wie auserlesen / Zum Kuppler- und Zigeunerwesen!* (3029f.) Marthe ist die weibliche Gegenfigur zu Gretchen. Reinheit oder allumfassende Liebe sind Marthe unbekannt. Sie will sich materiell und sinnlich versorgt wissen. Ihr Leben ist in die kleinbürgerliche Gesellschaft integriert; doch sie kennt und nutzt die Lücken in den eng gestrickten Maschen. Ihre Rolle erinnert an die intrigierende, kupplerische **Mutter** des bürgerlichen Trauerspiels.

Valentin

Gretchens Bruder, ein Soldat, definiert die eigene Ehre über die Unschuld der Schwester. Seine Empörung über ihr Verhältnis mit Faust ist rein egoistisch motiviert. Er lauert Faust auf, um durch dessen Ermordung das eigene Ansehen wiederherzustellen. Seinerseits zu Tode getroffen, verflucht er seine Schwester in aller Öffentlichkeit auf gemeinste Weise. Dadurch verstärkt er gnadenlos den sozialen Druck, der sowieso schon auf Gretchen lastet, und treibt sie regelrecht zu der Verzweiflungstat. Indirekt prophezeit Valentin schon hier den Kindsmord (3740–44). Valentin werden Teile der Rolle des **Familienvaters** im bürgerlichen Trauerspiel übertragen.

Lieschen

Das Mädchen, das am Brunnen den aktuellen Klatsch verbreitet, repräsentiert zum einen den Druck der Gesellschaft und verdeutlicht zum anderen eine Seite von Gretchens Wandlung; denn nur kurze Zeit zuvor war ihm Gretchen sehr ähnlich (s. S. 44).

---

1 Weitere Informationen über einzelne Figuren:
- Universitätssatire (s. S. 59): Wagner, Schüler, Figuren in Auerbachs Keller;
- Gretchen. Ein bürgerliches Trauerspiel (s. S. 53): Marthe, Valentin, Lieschen.

2 Wagner und der Schüler treten auch in »Faust II« auf (s. S. 36).

2. Zur Konzeption des Dramas

2.1 Die äußere Struktur

»Faust I« und »Faust II« bilden eine strukturelle Einheit:

- **Einführung in die Rahmenhandlung:** *Prolog im Himmel*
  - **Einführung in die Binnenhandlung:** »Faust I« bis zum Abschluss der Wette zwischen Faust und Mephisto
    - **1. Teil** der Binnenhandlung: die *kleine Welt*, bis zum Schluss von »Faust I«
    - **2. Teil** der Binnenhandlung: die *große Welt*, »Faust II« bis zum Ende der Szene *Tiefe Nacht*
  - **Abschluss der Binnenhandlung:** bis zum Ende der Szene *Großer Vorhof des Palastes* (Fausts Tod)
- **Abschluss der Rahmenhandlung:** die Szene *Grablegung* und die Schlussszene *Bergschluchten* (Fausts Erlösung)

Die **Rahmenhandlung** (Einführung und Abschluss) spielt in himmlischen Sphären, was zeigt, dass der Mensch innerhalb einer höheren Ordnung, die sich außerhalb seines direkten Erfahrungsbereichs befindet, denkt und handelt.

In der Einführung in die **Binnenhandlung** erfolgen die Vorstellung Fausts und der Abschluss der Wette zwischen Faust und Mephisto. Die Binnenhandlung spielt erst in der *kleine[n]*, dann in der *große[n] Welt* (2052). Die ***kleine Welt*** von »Faust I« ist auf Naheliegendes beschränkt; das betrifft die Zeit, die Räume und die geistigen Inhalte. Sie enthält z. B. die Universitätssatire und die intime Beziehung im kleinbürgerlich-religiösen Rahmen und Szenen, die den Aberglauben des Volkes spiegeln. Die ***große Welt*** von »Faust II« umfasst den gesamten menschlichen Erfahrungsschatz zu Goethes Lebzeiten, wissenschaftliche, politische und historisch-mythologische Visionen werden dargestellt. Es geht um Kunst, Schönheit, Krieg, Macht, Freiheit, eben um »große« Themen.

2.2 Poetische Formeln[1]

Während das eben dargestellte Schema die äußere Struktur des Dramas beschreibt, machen die poetischen Formeln die tiefer liegenden, inhaltlichen Werte des Dramas aus.

Eine **Formel,** wie wir sie z.B. aus der Mathematik kennen, stellt einen Sachverhalt präzise und verallgemeinernd dar. **Poetische Formeln** bilden Zusammenhänge, die für die Menschen von allgemeingültiger, zeitloser Bedeutung sind, in einprägsamen Geschichten vereinfachend ab. Die Bibel, mythologische Erzählungen und literarische Werke wie der »Faust« enthalten zahlreiche poetische Formeln.

Die poetischen Formeln des »Faust« beziehen Erkenntnisse und Erfahrungen von etwa 3000 Jahren Menschheitsgeschichte ein. Dies stellt hohe Anforderungen an den Leser, der erkennen muss, worauf sich Goethe bezieht. Da sich Bildungshorizont und Lesegewohnheiten geändert haben und die anspruchsvolle Sprache das Verständnis vieler Stellen erschwert, ist es fast unumgänglich, einen Kommentar (s S. 61f.) oder zumindest ein gutes Lexikon bei der Lektüre des »Faust« heranzuziehen.

Die poetischen Formeln beschreiben jeweils ganz konkrete Zusammenhänge. Sie lassen sich aber auf viele unterschiedliche Situationen übertragen, da die Strukturen menschlichen Handelns zu allen Zeiten vergleichbar sind. Goethe hat den »Faust« bewusst mit diesen poetischen Formeln ausgestattet. Dadurch weist dieses Werk in besonderem Maß über die eigene Zeit hinaus und fordert uns heutige Leser auf, diese poetischen Formeln zu erkennen und für unser Leben zu nützen.

1 Eine wesentlich umfangreichere und detailliertere Darstellung der poetischen Formeln im »Faust« finden Sie bei A. Schöne (s. S. 61), z.B. auf den Seiten 57–62 und 137f. Sein Kommentar sei nochmals sehr empfohlen.

Beispiele für poetische Formeln im »Faust« und ihre Anwendungsmöglichkeiten:

- In der **Lebensgeschichte Fausts** spiegeln sich Irrwege und extreme Gemütszustände hochbegabter Intellektueller, die sich selbst ein »höheres« Ziel gesteckt haben.
- Die **Geschichte Gretchens** weist Parallelen zum Schicksal aller Mädchen und Frauen auf, die in einer vergleichbar religiös-patriarchal geprägten Gesellschaft leben (z. B. im Islam), in der die Väter und Brüder ihre Ehre über die Unschuld der Tochter bzw. Schwester definieren.
- Die Szene *Auerbachs Keller* führt die Banalität, aber auch die Gefährlichkeit alkoholgeschwängerter Stammtischrunden vor.
- Klatsch und Tratsch, wie in der Szene *Am Brunnen,* sind nach wie vor das Lebenselixier der Gesellschaft.

Goethe gebrauchte den Begriff der *Formel* selbst:

> *Als ethisch-ästhetischer Mathematiker muss ich in meinen hohen Jahren immer auf die letzten Formeln hindringen, durch welche ganz allein mir die Welt noch fasslich und erträglich wird.*[1]

Albrecht Schöne kommentiert diese Aussage Goethes:

> *Solche Formeln besitzen freilich nicht den Abstraktionsgrad der nackten mathematischen Konstruktionen. Vielmehr erscheinen sie in »eingekleideter«, anschaulich gestalthafter Form. [...] Die Präzision aber und die universale Gültigkeit mathematischer Gebilde hat Goethe mit diesem Sprachgebrauch gewiss auch für sich in Anspruch nehmen wollen.*[2]

Ihr Verständnis des »Faust« wird also wesentlich davon abhängen, welche dieser zeitlosen, gedanklich geschlossenen und in sich widerspruchsfreien Formeln Sie erkennen und wie Sie sie verstehen.

1 Goethe (1826), zit. nach A. Schöne (s. S. 61), S. 61.
2 A. Schöne (s. S. 61), S. 61.

2.3 Die Wetten des Mephisto

Die beiden Wetten sind gewissermaßen die Motoren des Werks; sie bringen die Handlung in Gang und treiben sie voran, die erste Wette die **Rahmenhandlung**, die zweite die **Binnenhandlung**.

Mephistos Wette mit dem Herrn

Die Deutung des Prologs ist für das weitere Verständnis des »Faust« von herausragender Bedeutung: Mephisto wettet mit dem Herrn (312, 331). Aber die Frage, ob der Herr auch mit Mephisto wettet und ob eine Wette zwischen ungleichen Parteien überhaupt möglich ist, bleibt offen. Der Herr geht zumindest mit keinem Wort auf die Wette Mephistos ein. Für den weiteren Verlauf der Handlung ist jedoch bedeutsam, dass der Herr Mephisto erlaubt, sein Glück bei Faust zu versuchen.

Mephistos Wette mit dem Herrn folgt dem Muster der biblischen Geschichte von **Hiob** (Hiob 1,6 – 12). Der Herr erlaubt dem Satan den Versuch, seinen auserwählten Knecht Hiob vom rechten Weg abzubringen. Der Charakter der Wette im »Faust« muss also vor diesem Anspielungshorizont betrachtet werden. Bei Hiob scheitern die Bemühungen des Satan. Wenn man davon ausgeht, dass der Ausgang beider Geschichten gleich ist, dann ist damit bereits im Prolog die »Erlösung« Fausts angelegt.

Faust und Mephisto werden schon im Prolog unlösbar verbunden, als der Herr seinem *Knecht* (299) Faust den *Teufel* (343) Mephisto als *Gesellen* (342) an die Seite stellt: *Nun gut, es sei dir überlassen!* (323) Der Herr sagt auch, warum er die Menschen den Einflüssen des Teufels aussetzt: Ohne sein Einwirken würde ihre *Tätigkeit [...] allzuleicht erschlaffen* (340ff.). Demnach brauchen die Menschen die diabolische Energie, um zur »Erlösung« gelangen zu können. Außerdem sagt der Herr: *Es irrt der Mensch, so lang er strebt* (317). Diese Verknüpfung von Streben und Irren impliziert eine gewisse Entschuldigung für die, die dem hohen **Streben** treu bleiben, denn das ist ja Teil ihrer göttlichen Bestimmung. Über das Ziel dieses Strebens oder gar über mögliche negative Folgen wird in diesem Zusammenhang nicht geurteilt.

Die Wette zwischen Faust und Mephisto

In seinem grenzenlosen Streben (und Irren) ist Faust auch der Teufel recht, wenn er dazu beiträgt, sein Ziel zu erreichen. Er erwartet zwar nicht, dass ihm Mephisto helfen kann, doch da er alles andere bereits versucht hat, lässt er sich auf die Wette ein. Faust geht dabei aus seiner Sicht kein Risiko ein: Wenn sich Mephisto vergeblich bemüht, war es für Faust ein weiterer erfolgloser Versuch, andernfalls hat er sein Ziel erreicht.

Die **Paktkonzeption** der alten Faustsagen ist ein klarer Dienstleistungsvertrag: Für den Preis der menschlichen Seele dient der Teufel seinem Opfer über einen festgelegten Zeitraum. Nach dem traditionellen christlichen Standpunkt ist die ewige Verdammnis die automatische Folge eines Bündnisses mit dem Satan. Diese alte Paktkonzeption gilt für Goethes »Faust« nicht. Mephisto bietet Faust zwar den althergebrachten Dienstleistungsvertrag an (1642ff.), doch Faust wandelt ihn zur **Wette** um, in der er sein unermüdliches **Streben** als Einsatz bietet (1692ff.). Der Begriff des Strebens verbindet damit die beiden Wetten.

Am Ende von »Faust II« stirbt Faust mit den Worten: *Zum Augenblicke dürft ich sagen: / Verweile doch, du bist so schön! / [. . .] Im Vorgefühl von solchem hohen Glück / Genieß ich jetzt den höchsten Augenblick.* (11579ff., vgl. 1699ff.!). Mephisto ist sicher, seine Wette gewonnen zu haben. Doch in der nächsten Szene (Abschluss der Rahmenhandlung) wird Mephisto von den Engeln überlistet; sie fliegen mit Fausts Seele *himmelwärts* (11827, s. S. 37, 44 und 48).

2.4 Gretchen. Ein bürgerliches Trauerspiel

Eines der herausragenden Themen der Gretchen-Handlung ist der **Kindsmord** (s. S. 22f. und 30). Goethe erörtert die Kindsmordthematik im »Faust« sensibel und engagiert (vgl. die Szenen *Am Brunnen, Zwinger, Nacht, Dom, Trüber Tag. Feld, Kerker*). Dabei ist bemerkenswert, dass einige ganz wesentliche Ereignisse der Gretchen-Handlung hinter die Bühne verlegt werden und somit dem Vorstellungsvermögen des Lesers bzw. Zuschauers überlassen bleiben, z. B. Tod der Mutter, Schwangerschaft, Geburt und Kindsmord.

Der Kindsmord ist ein beliebtes Motiv des im 18. Jahrhundert entstehenden **bürgerlichen Trauerspiels**:

- Im Unterschied zur (klassizistischen) Tragödie spielt es nicht in der Welt des (Hoch-)Adels, sondern befasst sich – eine Folge der allmählichen politischen Emanzipation des Bürgertums – mit Problemen der **bürgerlichen Gesellschaft**, oft einer Familie.
- Diese Probleme entstehen oft aus einem **Standeskonflikt** mit den »mächtigeren« Vertretern des Adels; im 19. Jahrhundert werden dann vermehrt soziale Konflikte innerhalb des Bürgertums thematisiert.
- **Beispiele:** Lessing: »Emilia Galotti« (1772), Schiller: »Kabale und Liebe« (1783), Hebbel: »Maria Magdalena« (1844).

Die **Gretchen-Handlung** ist auf das **(klein-)bürgerliche Milieu** beschränkt, sie schildert familiäre und nachbarschaftliche Verhältnisse. Der **Standesunterschied** zwischen den Liebenden impliziert fast das Scheitern der Beziehung: **Faust** hat die Rolle des Verführers, er dringt von außen in Gretchens Welt ein. Gretchens Eltern treten zwar nicht auf (der Vater ist tot, die Mutter bleibt im Hintergrund), doch Valentin und Marthe dienen als Stellvertreter. Die höhere Bestimmung der Heldin Gretchen, die den religiösen und moralischen Anschauungen ihrer kleinen Welt verhaftet bleibt (s. S. 44f.), bewährt sich in ihrem **tragischen Untergang**, der zugleich ein überlegenes Moment von Freiheit enthält.

2.5 Goethes »Faust« – ein Werk der Weltliteratur

Im »Faust« sind **Themen und Motive** aus der Bibel, aus Mythen und Sagen, aus anderen Dichtungen, aber auch philosophische und naturwissenschaftliche Erkenntnisse der verschiedensten Länder und Epochen eingearbeitet. Dieses Werk leistet – vom Autor ausdrücklich beabsichtigt – die Integration historisch gewachsener, menschheitsgeschichtlich bedeutsamer Erfahrungen und Erkenntnisse.

Der »Faust« bezieht viele literarische Gattungen und darüber hinaus eine Reihe musikalischer Formen ein. Witz, Ironie und Komik verleihen ihm bei aller »Bedeutungsschwere« eine gewisse Leichtigkeit. Die **sprachliche und inhaltliche Vielseitigkeit** sind zu einem stimmigen Gesamtwerk abgerundet.

Doch wie muss Dichtung beschaffen sein, die auch für Menschen nachfolgender Jahrhunderte bedeutsam ist? Sie muss **poetische Formeln** enthalten (s. S. 49f.). Der »Faust« enthält so viele dieser Formeln, dass wohl niemand alle zu erkennen vermag. Aber all diejenigen, die zu Literatur einen Zugang haben, werden wahrscheinlich für sich persönlich so viele wie bei kaum einem anderen Werk erkennen.

Die **Wirkungsgeschichte** des »Faust« spricht für sich: Es gibt Nachdichtungen, Parodien, Übersetzungen (in etwa 50 Sprachen) und unüberschaubar viele Deutungen. Komponisten, bildende Künstler und Philosophen wurden vom »Faust« inspiriert. Die Breitenwirkung des »Faust« zeigt sich auch darin, dass selbst diejenigen, die das Werk nie gelesen haben, in der Regel einige der berühmten Zitate kennen.

Der »Faust« ist nicht nur das bekannteste, sondern im oben beschriebenen Sinne sicherlich auch das beste Werk eines Mannes, der mit einigem Recht »Universalgenie« genannt wird.

Aufgaben mit Lösungstipps

Die folgenden Aufgaben

- sollen Ihnen die Beteiligung im Unterricht erleichtern,
- dienen der Klausurvorbereitung,
- geben Ihnen Anregungen für Referatthemen.

Gleichzeitig sind sie eine Ergänzung der Textanalyse.

? Aufgabe 1

Versmaße und Versmaßwechsel

a) Erklären und charakterisieren Sie den Madrigalvers.

b) Führen Sie Beispiele für unterschiedliche Versmaße und Versmaßwechsel an und erläutern Sie die Wirkung. Orientieren Sie sich an der Sprache der Hauptfiguren.

c) Welche Bedeutung haben die Versmaße und ihre Wechsel für das Gesamtwerk?

! Lösungstipp

Hinweise zu den Versmaßen: s. »Die sprachliche Form«, S. 28f.

a) **Madrigalverse** sind im »Faust« vorherrschend (wegen ihrer Variabilität vielfältig einsetzbar), z. B. in Gesprächsszenen: *Vorspiel auf dem Theater* (75ff.), *Vor dem Tor* (808ff.), (von Kurzversen durchzogener) Grundvers der *Hexenküche*.

b) – Lieblingsvers des Verwandlungskünstlers **Mephisto**: z. B. Schülerszene: anfangs übernimmt er das holprige Versmaß des Schülers, den Knittelvers (1868ff.), um sich auch sprachlich seinem Gegenüber anzupassen, dann, *des trocknen Tons nun satt* (2009ff.), geht er zu den freieren, eleganten Madrigalversen über.

- **Fausts** Eingangsmonolog (354ff.): altertümliche Knittelverse passen inhaltlich zum *Urväter Hausrat* (408), gleichzeitig wird durch das einfache Versmaß das göttliche Selbstbild des Helden ironisch gebrochen; emotionale Erregung und inhaltlich ungewöhnliches Denken Fausts äußern sich auch formal unreglementiert in freien, reimlosen Rhythmen (468ff.), im Religionsgespräch folgen den Madrigalversen freie Rhythmen (3431ff.), die mit steigender Erregung reimlos werden (3438ff.), während Gretchen bei ihren vierhebigen, gereimten Versen bleibt. Prosa (sprachlich ungezähmt): nach Gretchens Liebeserklärung (3184–94) und als er von ihrer Verurteilung als Kindsmörderin erfährt (*Trüber Tag. Feld*).
- **Gretchens** Sprache: s. S. 60.

Tipp: Bedenken Sie bei der Untersuchung der Versmaße, dass viele Passagen, z. B. Chöre, *Vor dem Tor, Auerbachs Keller* (vgl. Quartett der komischen Oper), Hexenszenen, Ballade vom *König in Thule*, Valentinszene (vgl. Oper) auf eine **musikalische Darbietung** ausgerichtet sind. – Thema für ein anspruchsvolles **Referat** (evtl. mit Hörbeispielen)!

c)
- Tragödie sollte eigentlich ein durchgehendes Versmaß aufweisen, z. B. Tragödie der deutschen Klassik: Blankvers;
- »Faust« entgegen diesem Prinzip: ständige Versmaßwechsel mit unterschiedlichen Strophenformen;
- Goethe erfüllt damit den eigenen Anspruch der Viel- bzw. Allseitigkeit auch in dieser Hinsicht; jedoch nicht, um Formenreichtum zu demonstrieren, sondern mit genau durchdachten Bezügen (Raum, Zeit, Figur, Stimmung); Versmaß verdeutlicht Inhalte, Emotionen, wechselnde Situationen;
- sprachliche Vielfalt kann nicht beim stillen Lesen erfasst werden: Bühnenwerk – Bedeutung des Vortrags.

? Aufgabe 2

Prolog im Himmel

Welche Bedeutung hat der *Prolog im Himmel* für die Anlage des Dramas? Welches Bild wird von Gott, dem Teufel und dem Menschen entworfen?

! Lösungstipp

- **Hinweise** S. 51f. und 40–43;
- **Vergleich** des *Prolog[s] im Himmel* mit der biblischen Vorlage (**Hiob** 1,6 – 12); Gemeinsamkeiten und Unterschiede der Figuren im Buch Hiob und im Prolog erläutern: Goethe stellt seinen Herrn mit einem Hauch Ironie dar, trotzdem ist dieser mächtig und selbstbewusst; Mephisto tritt schon im Prolog auch als Schalk auf; Faust ist zwar wie Hiob ein Auserwählter, doch sind seine Qualitäten andere als die des gottesfürchtigen und gottergebenen Hiob;
- **Weitere Aspekte:** Streben und Irren sowie »Allmacht« des Herrn der Eigenverantwortlichkeit des Menschen gegenüberstellen und überlegen, inwieweit sich Faust schuldig macht, z. B. indem er zur Vernichtung Gretchens und ihrer Familie beiträgt.

Tipp für Zusatzaufgabe oder **Referatthema**:
Vergleich der frühen Fassung (**»Urfaust«**) mit »Faust I«:

In der frühen Fassung fehlen u. a. der *Prolog im Himmel, Studierzimmer [I]* und bis zu Mephistos Gespräch mit dem Schüler auch *Studierzimmer [II]*. Somit fehlen der Rahmen und die Wetten. Welche Bedeutung hat dieser Unterschied für den Inhalt des Dramas? Lohnend ist auch der Vergleich der Sturm-und-Drang-Dichtung »Urfaust« mit dem nach klassischen Kriterien überarbeiteten »Faust I«.

? Aufgabe 3

Figurenkonstellation: Faust – Mephisto

Erläutern Sie an Beispielen, warum die beiden Figuren aufeinander angewiesen sind.

! Lösungstipp

- **Hinweise** S. 40–43 und 51f.;
- Mögliche Arbeitsschritte (an Chronologie orientiert): ***Prolog*** (299–343): erste Verbindung; ***Studierzimmer [II]***: Wette (v.a. 1644–1660, 1692–1706, Formel vom *[höchsten] Augenblick*); **Gretchen-Handlung:** Mephisto nimmt Einfluss (direkt oder im Hintergrund), Faust gibt ihm Befehle und macht Mephisto für alles, was schiefgeht, verantwortlich, die Dialoge verdeutlichen ihr Verhältnis im Einzelnen (2618–77, 2853–64, 3025–72, 3251–3373, 3650–3715, *Trüber Tag. Feld*, 4597–4612);
- Außerdem: *Vor dem Tor* (1145ff., Pudel), *Studierzimmer [I]*, *Auerbachs Keller* und *Hexenküche, Walpurgisnacht*;
- Bei den Textstellen ist zu beachten, um welche Aspekte der Charakter der Figuren erweitert wird und was das für ihr Verhältnis und den Verlauf des Dramas bedeutet;
- **Resümee:** Mephisto erfüllt durch die Versuchung Fausts seine Bestimmung, und Faust kann nur mit Mephistos Hilfe seine Ideen in die Tat umsetzen. Das polare Figurenpaar Faust – Mephisto bestimmt Handlungsverlauf und Gehalt des Dramas wesentlich.

Tipp für Zusatzaufgabe oder **Referatthema**:

Das **Figurendreieck Faust – Gretchen – Mephisto**: Sind die drei Figuren gleichberechtigt dargestellt? Vgl. S. 40–45 und 51–53.

? Aufgabe 4

Die Universitätssatire

a) Beschreiben Sie die unterschiedlichen Auffassungen von Faust, Mephisto, Wagner und dem Schüler zum Thema »Wissenschaft und Lernen«.

b) Stellen Sie Goethes Kritik am universitären Betrieb seiner Zeit dar.

! Lösungstipp

a) **Hinweise** S. 46 und 40–43;
- **Szenen:** *Nacht* (Faust – Wagner), Schülerszene (Mephisto – Schüler) und *Auerbachs Keller* (Studenten);
- Vorschlag: Figuren erst einzeln charakterisieren, anschließend paarweise vergleichen; Schwerpunkt sollte das Dreieck Faust – Wagner – Schüler sein; evtl. Sprachuntersuchungen (s. S. 28f. und 55f.).

b) **Goethe** kritisiert u. a. den Lehrbetrieb an den Universitäten, unhinterfragtes Auswendiglernen, mechanisches Anhäufen von Faktenwissen, Antiquiertheit, Pedanterie von Lehrenden und Dumpfheit (z. B. sinnlose Besäufnisse). Ein Vergleich mit der aktuellen Situation an Universität und Schule wäre spannend.

Tipp für Zusatzaufgabe oder **Referatthema**:
Vergleich der **Schülerszene** in der frühen Fassung (»**Urfaust**«, 248–444) mit der des »**Faust I**« (1868–2049):

Stellen Sie inhaltliche und sprachliche Unterschiede bzw. Gemeinsamkeiten der beiden Schülerszenen fest und interpretieren Sie die Differenzen. Beachten Sie die Suche nach der Unterkunft, den Verlauf der Berufsberatung und die Aussagen zur Theologie.

? Aufgabe 5

Gretchens Sprache

Untersuchen Sie Gretchens sprachliche Äußerungen, gehen Sie besonders auf die lyrischen Texte ein. Berücksichtigen Sie ihre Herkunft und das Milieu, in dem sie lebt.

! Lösungstipp

Vorschlag für Reihenfolge und inhaltliche Schwerpunkte:

- **Hinweise** S. 44f. und 53;
- Darstellung ihres **Alltags** und ihrer **Familienverhältnisse** (3108–24, 3620ff.), ihrer tiefen Gläubigkeit (**Kirche**, Gebet, Religionsgespräch) und ihrer kleinbürgerlichen Umgebung (*Am Brunnen, Nacht. Straße vor Gretchens Tür*);
- **These:** Aufgrund ihrer Herkunft und ihrer Lebensbedingungen ist ihre Sprache einfach. Mithilfe der lyrischen Texte macht sie Aussagen, die von der Anlage der Figur her ansonsten weder inhaltlich noch von der sprachlichen Qualität her möglich wären;
- **Belege:** Bis zur Ballade spricht sie nur die für sie typischen, einfachen Knittelverse, in Gegenwart Fausts (und Mephistos) passt sie sich oft sprachlich an (Madrigalverse: 2783ff., 3073ff.).
- **Lyrische Äußerungen:**
  - **Ballade** vom *König in Thule* (2753–82), hohes Lied der Liebestreue, erste längere Äußerung Gretchens: ahnungsvoll, vorausdeutend;
  - **Gedicht:** der häufig vertonte Monolog *Meine Ruh ist hin* (3374–3413), Thema: die Sehnsucht nach dem Geliebten;
  - **Gebet** (3587–3619) vor dem Andachtsbild der *Mater dolorosa* (schmerzenreiche Mutter, Maria), das Elemente einer mittelalterlichen Liturgie enthält: macht ihre Aufregung, Unruhe und Verzweiflung deutlich.

Lese- und Filmtipps

Aus der unüberschaubaren Sekundärliteratur zum Thema »Faust« – die Zentralbibliothek der deutschen Klassik in Weimar besitzt rund 13.000 Bände – können wir Ihnen hier nur eine winzige und sehr subjektive Auswahl bieten.

Goethes Leben und Werk

Boerner, Peter: Johann Wolfgang von Goethe. Reinbek bei Hamburg (rororo) 1999

Textkommentar, sprachliche Erläuterungen

Ein guter Kommentar ist für eine Auseinandersetzung mit dem »Faust« schlicht unverzichtbar.

Schöne, Albrecht: Goethe. Faust. Kommentare. Frankfurt a. M. (Deutscher Klassikerverlag) 1994 (= Band 7/2 der Frankfurter Ausgabe) • Hervorragender Textkommentar mit interpretierenden Anteilen, sehr lesenswert, mittlerweile auch als Taschenbuchausgabe (Insel) in zwei Bänden zusammen mit dem Text erhältlich.

Goethe, Johann Wolfgang: Faust. Hg. und kommentiert von **Erich Trunz**. Hamburg 1948ff. (= Hamburger Ausgabe), Sonderausgabe München (Beck) 1998 • Textausgabe mit mittlerweile klassischem Kommentar.

Gaier, Ulrich: Johann Wolfgang Goethe: Faust. Erläuterungen und Dokumente. Stuttgart (Reclam) 2001 • Ausführlicher, relativ anspruchsvoller Textkommentar.

Interpretationen

Henning, Hans: Poetische Mittel in Goethes Faust-Dichtung. In: ders.: Faust-Variationen. München (Saur) 1993, S. 263 – 277 • Verständliche und systematisch aufgebaute Sprachbetrachtung.

Keller, Werner: Faust [I]. Eine Tragödie. In: Hinderer, Walter (Hg.): Goethes Dramen, Stuttgart (Reclam) 1992, S. 258–329 • Vergleichsweise kurze und verständliche Gesamtinterpretation.

Kobligk, Helmut: Johann Wolfgang Goethe: Faust I. Grundlagen und Gedanken. Frankfurt a. M. (Diesterweg) 19. Aufl. 1997 • Forschungsüberblick, eher für Lehrer.

Schmidt, Jochen: Goethes Faust. Erster und Zweiter Teil. Grundlagen – Werk – Wirkung. 2. durchges. Aufl. München (Beck) 2002 • Behandelt den Fauststoff vor und nach Goethe, »Faust I« und – kürzer – »Faust II«; geht Szene für Szene vor; trotz relativ hohen Anspruchs für interessierte Schüler empfehlenswert.

Sudau, Ralf: Johann Wolfgang von Goethe: Faust I und Faust II. München (Oldenbourg) 1993 • Zwar für Lehrer geschrieben, aber für interessierte Schüler ebenfalls empfehlenswert.

Verfilmungen und Theateraufführungen

Ein Muss ist nach wie vor die berühmte Verfilmung des »Faust I« von **Gustav Gründgens** (Hamburger Schauspielhaus 1960), erhältlich als Video bzw. DVD im Handel und bei vielen Bildstellen. Ebenfalls sehr sehenswert ist die Inszenierung von **Dieter Dorn** (Münchner Kammerspiele 1987/88), ebenfalls als Video erhältlich. Wer sich für die ungekürzte, rund 21 Stunden lange Aufführung beider Teile des »Faust« interessiert, die **Peter Stein** anlässlich der Expo 2000 inszenierte, kann sich in diesem Band informieren: »Goethes Faust, Peter Steins Inszenierung in Bildern« mit Aufnahmen von Ruth Walz. Sonderauflage Köln (Dumont) 2003.

Null Bock auf schlechte Noten?

... dann nimm doch mentor!

- **mentor Lern- und Abiturhilfen**
  Selbsthilfe statt Nachhilfe für alle wichtigen Fächer
  von der 5. Klasse bis zum Abitur
  (Fächer: Deutsch, Englisch, Französisch, Latein, Mathematik, Biologie, Chemie, Physik)

- **mentor training XXL**
  Regeln – Übungen – Lösungen
  Die wichtigsten Themen der Fächer Deutsch, Englisch und Mathematik jeweils in einem Band. Für die Klassen 5 – 10

- **Lernen leicht gemacht**
  Clevere Tipps für mehr Erfolg in allen Fächern – speziell für die einzelnen Altersstufen

Infos, Lerntipps & mehr

www.mentor.de

mentor
Eine Klasse besser.

Stichwortverzeichnis